U0055074

人 · 文 · 驚 · 豔 · 之 · 旅

帶你走遊
DEUTSCHLAND
德國

麥勝梅／著

序一
麥勝梅的人與文

歐洲華文作家協會創會會長、
永久榮譽會長／趙淑俠

　　移居紐約已逾十年，歐華作協的朋友都很念舊，隔些時日總有點連繫。知道麥勝梅要出新書，而且是她最擅長的旅遊文學，我自然替她高興。勝梅早知我近年健康欠佳，謝絕許多文壇活動，包括給文友寫序。便很委婉的說，希望我給新書寫點甚麼，但特別強調：可以慢慢來，也不一定很長，寫幾句話就好。語切心誠，令我十分感動，頓時想起勝梅代我籌辦「海外華文女作家協會」第八屆雙年會的事。

　　是2002年，「海外華文女作家協會」在溫哥華開七屆雙年會，大家要推舉我做副會長：依規章，副會長便是籌辦下屆會議的主持人，會後自然升任會長。因當時我已移居美國，不可能因辦會住回歐洲，所以極力拒絕出任。但同在會場的勝梅表示：如果文友們一定要選我，她願代我負起辦會的任務。最後我對大會要求，若能為我設立一位秘書長，我便接受副會長一職。結果勝梅便做了我的秘書長。「海外華文女作家協會」從那一屆起，開始建立秘書長制度。在德國巴鴻堡的八屆雙年會，我只管去募些款，通電話說說意見，其他一切實際事務全由勝梅總理。結果是，勝梅費了許多時間和精力，籌辦了一個非常完美的會。如此義氣相挺，我永存感念，寫序，說不出拒絕的話。

　　我知勝梅的名字，始於1970年代末期的《西德僑報》，那時她和郭鳳西、王雙秀、余心樂等一樣，都是這個刊物的撰稿人。後來他們隨我一同建立歐華作協，相識相交，一起開疆拓土的走

過來。二十多年過去，我看著他們一個個的從喜愛文學的業餘投稿人，變成有作品的作家，心中著實歡喜。

　　麥勝梅擅寫山水散文，著有《千山萬水話德國》介紹德國風土人情的專書。《帶你走遊德國——人文驚豔之旅》是她的第二本為讀者講述德國人文內涵，和文化精神的散文集。我曾品讀過其中幾篇，如〈到柏林去也許不用找理由〉、〈尋找歌德蹤跡〉、〈新天鵝堡：童話中的城堡〉等，覺得她對德國的瞭解深刻，觀察入微。勝梅的文風很像她的人：平和、質樸、誠懇，文筆清麗而親切。《帶你走遊德國——人文驚豔之旅》是一本極富可讀性的書。

　　麥勝梅是位不折不扣的海外華僑。越南堤岸出生。18歲到臺灣就讀師範大學，才真正全面接觸了中華文化。1973年到德國留學，得教育學和社會學碩士，已旅居德國近40年。以她的中文教育背景，很難讓人相信能成為一位華文作家。但麥勝梅是位很成功的華文作家，特別是在旅遊文學方面。此外她也寫散文雜文和報導，甚至評論。這不單證明勝梅在文學領域裡，擁有不俗的才華，也顯露出她對文學的堅持和熱情。

文化的逍遙遊

歐洲華文作家協會創會副會長
呂大明

知性與感性

　　錙銖般細緻的描寫，文字深入淺出，但不失雅的氣質，是旅遊文章的佳妙之筆。

　　麥勝梅以散文文筆來寫遊記，譬如她從歷史角度去寫「夏綠蒂堡宮」，在敘述中涉及知性，她說：「夏綠蒂堡宮是柏林現存最大的巴洛克宮殿……」先以建築的知識開端「漫步於夏宮前，我刻意捕捉國王與王后留下的痕跡，願意傾聽人們津津樂道的傳奇故事」，不是傾聽人們講的典故，是麥勝梅營造引人入勝的氛圍，讓讀者傾聽她從歷史、傳奇或野史獲得的豐富知性，娓娓道來，知性終於與感性熔為一爐。

　　一篇遊記意象的掌握，文字的妍孃還在其次，讀者也是在旅遊途中求知，麥勝梅相當博採，她為人溫柔敦厚，文如其人，悲劇性極濃的文學從沒出現在文中，敘述一段悲劇也只是輕輕地嘆息，讓歷史悲劇隨逝水流年消逝，沒有濃墨重彩，讓讀者有沈甸甸之的負荷，花魂鳥夢，朦朧煙雨，人物的悲喜歡憂，甚至宇宙廖廓恍惚……在她筆下只形成淡淡的輕愁。

彈冠振衣

　　賦體文學中如班彪的《北征賦》和他女兒班昭的《東征賦》都是書寫旅遊的所見所聞，類似今日的遊記。

　　到了潘嶽的《西征賦》已從雛型賦體遊記中跨出，氣魄非凡，「潘子憑軾西征……」，在元康二年潘岳赴長安旅行，一路記下旅遊的感觸，博古論今。

　　麥勝梅的遊蹤寫德國的城鄉、名城名堡、甚至偏遠的地界，讀她的遊記，讓我想到又去到一處令人虔敬的聖地，必然彈冠振衣……麥勝梅也是以聖地的心態書寫德國，如她所說是「驚艷」。

　　阿爾菲斯爾德小城讓人重溫童年的舊夢，格林兄弟童話故事中《小紅帽》、《長髮姑娘》中金色梯子，霍勒抖動羽絨枕頭變成飄落的雪花……麥勝梅繪聲繪影寫來十分生動。

　　麥勝梅特別崇拜德國大文豪歌德與席勒，談的篇幅也多。也是文化之旅，從音樂之父巴哈到布拉姆斯與克拉拉的「柏拉圖之戀」，他們的愛情是謎題，正如麥勝梅所說「倆人的書信都已燒毀」，證據已成了灰燼。

　　寫歌德先有伏筆，在奧爾巴哈酒館見到歌德筆下「浮士德和張牙舞爪的摩菲斯特」的雕像已受到震撼，在德勒斯登有歌德與

席勒駐腳的痕跡,在萊比錫她悠悠地說「與卓約人影相遇,近百年前光景彷彿又倒流回來」,她談到近代知名人物如林語堂、蔡元培……。

她寫歌德一點也不含糊,從他年輕被古代傳說吸引,開始搜集民間故事,麥勝梅認為已潛伏創作偉大作品「浮士德」的靈感,觀點獨特,她又寫席勒支離破碎的童年……

先聽聽麥勝梅撥弄起春弦秋商的敘述文字:「恰是我的席勒熱潮和童年出遊的錯綜。腦海中不斷浮現一個夢的清麗山牆屋,那是一幅美麗的圖畫,我彷彿走入德國文學的叢林裡,那裡有綠水流泉和詩人脈搏的跳動,蓋世才華與意志彌堅的文學創作……」她對大文豪的敬意,令我感動。

泉聲山色與地理學的知識

《徐霞客遊記》世人驚詫為奇書,名人巨公都紛紛購買他的書,人們將他的書當成臥遊的精品。如他〈遊黃山日記〉說:「泉光雲氣,撩繞衣裙……」〈遊廬山日記〉說:「奔澗鳴雷,松竹蔭映…」遊天臺山日記有「雨後新霽,泉聲山色…」,《徐霞客遊記》中佳妙好詞,繁麗不勝枚舉。

《徐霞客遊記》不限於辭彩,他非常精細地記下每一寸遊蹤,如〈滇遊日記〉就有十一篇,篇幅極長,因他有精深淵博的地理學知識,在那時代嘆為觀止。

麥勝梅也含有德國地理學的專長,每到一地就追尋其來龍去脈,對當地名勝文物瞭如指掌。翻讀她的遊記,山間翠色,澄湖如鏡,大地優美如詩,除了湖光山色又有淵源流長的文化…。

螻蛄春生夏死,夏生秋死,莊子認為螻蛄不知春秋,而大椿以八千歲為春,八千歲為秋,這就像莊子「逍遙遊」那隻大鵬旋

Germany

風似飛上九萬里的天空。

麥勝梅的遊記文情並茂，也是逍遙遊。

也是「心結」

> 歌德具有異於常人的天賦和才能，他富於幻想，人生體驗
> 多彩多姿，不但豐富了他的文學，也使他成為「人生的導
> 師」，他是他那時代的典範。
>
> ——卡萊爾

席勒比歌德小10歲，他的戲劇是散文式的，歷史與康得的哲學也成就了這位天才。《唐卡爾斯》、《奧爾良的處女》、《瑪麗‧斯圖亞特》、《威廉泰爾》及《互倫斯泰因》的三部曲，都是他的傑作，席勒一死德國文學嚴謹的古典時代也宣告結束。

約略提到這倆位德國文學巨擘是受到麥勝梅的影響，她對歌德仰慕頂禮，不厭其煩一再追述。她從席勒支離破碎的童年描寫她與父親出遊，與成員眾多家族的往事，投入深厚的感情。是錯綜複雜的「心結」讓她完成德國文化之旅。

去英國阿房河上史特拉福鎮會聯想莎士比亞正走在他和他筆下人物的葬禮，其實不是葬禮，是永恆的文學之旅。

來到劍橋的三一神學院追憶彌爾頓（John Milton 1608-1674）與他的《失樂園》（Paradise Lost）。在法國榭爾河上的莎榭堡是巴爾箚克和他的《人間喜劇》。

拜訪文人的故居，脫離不了文學的心結。

生命本來就是繁複，糾纏的心結，但丁《神曲》經歷了六個世紀學者的研究，他的神學與哲學觀仍然是一門深邃的學問，那個結難以解開。

　　沒有心結，不可能將遊記寫到深入其景，深入其境，麥勝梅的文化之旅釀釀漫長的十五年，不能不說那是她的精心之作。

西元2014年底完稿於法國凡爾賽

Germany

序三
人文驚豔之旅

歐洲華文作家協會前會長
朱文輝

　　本書作者是歐洲華文作家協會現任秘書長，以她幾十年定居德國的生活經驗，透過雙眼細膩的觀察，讓大腦反芻行跡過處的秀風麗景、古今歷史名人及藝文碩傑的逸聞佳話，藉著手中的靈筆帶你走遊德國，去體驗難得一窺全豹的人文驚豔之旅。她的旅遊散文成熟而有韻致，香如茗茶，醇如陳釀，德國大城小鎮與偏鄉逸野，在知性與感性交融的字裡行間沖洗出詩情與畫意的顯影，時空鏡頭的交迭呈現，足以讓人在微醺迴宕中低吟，故有人生的體驗與觀照、文學探索的沉思、史地情懷的觸動，更有面對人文生命的豪情壯志。按著遊誌去尋幽探勝，跟著圖文行走，自可漫步訪識德國各地名城，呼吸德意志之所以德意志的氣息，藉此讓自己得益智一番，不亦快哉。

找尋旅行真正意義

麥勝梅

　　我喜歡旅遊，也曾經去過很多地方旅行，美麗的大都會如巴黎、羅馬、倫敦、巴塞隆納、阿姆斯特丹都曾留下我的足跡。然而，我最熟悉的卻是德國的大城小鎮，畢竟那裡是我的居住多年的國家。

　　對於我，出門就是旅行。人在路途上，不管是為了遠足、度假或出差，周遭的人文景觀，像一顆顆光彩奪目的珍珠，皆使我心怡神往。它不時在提醒我，在不遠處藏了一張張開闊的地圖，童話大道、詩人足跡、城堡之路、文化之旅等，只要帶著一份好心情，馬上享受到跋涉的樂趣。

　　一轉身，市政廳、教堂、城堡、迅速地構成一座城市的空間，在駐足凝神的片刻中，時光彷彿沒有流走過。

　　燦爛的大城市包容王朝的盛衰，幽靜的小鎮隱藏著詩人的足跡，前者引發踽踽獨行的我對歷史的思索，後者牽動我那永遠上路的一顆心。

　　德國很多充滿文藝氣息的城市都鐫刻了歌德的名字，法蘭克福是詩人的出生地，威茲菈小城是世界名著《少年維特的煩惱》的故事發生的所在地，如果說維特和夏綠蒂的愛情感動了我，倒不如說，是因為詩人豐富的感情和他無與倫比的文筆啟發我書寫的靈感；威瑪是詩人步上仕道飛黃騰達的文化城，巴鴻姆堡卻是詩人與初戀女友最終要分手的地方。我從法蘭克福出發，探尋文學巨師歌德的足跡，洞悉他多采多姿的一生。

　　從城市導遊到人文感觸，我不斷改變自己的角色，愈觀察得細微，興緻隨之愈顯濃厚。

　　在柏林城市，從「鐵血宰相」俾斯麥紀念碑的朝覲，我追索到普魯士民族的崛起。像在滔滔逆流中，努力越過世界第一次世界大戰，不追究宣戰國的罪行，卻在國會大廈失火事件中，洞悉了希特勒納粹奪權陰謀。作為漫遊者，不得不重拾歷史讀本，解讀德國從戰敗的陰影到國家分裂的悲情，和分享終於在柏林圍牆倒塌之後統一的歡悅。

　　在行走間中的，我彷彿又是德國20世紀末改朝換代的見證人。昔日叱吒風雲的舊都波昂，如今韜光養晦風華不再，當年富貴榮華的國府官邸，如今重歸素顏平淡，真正給予旅行者的精神資糧，恐怕僅有貝多芬既浪漫且雄壯的音符了。

　　半世紀以來，紐倫堡城市因「紐倫堡的大審判」而蒙羞，但也因皇城堡的古蹟而名聞遐邇，我在森嚴的城堡中閱讀到德國文明歷史和它傳達的防禦智慧，到此一遊，縈懷之意不由而生，這何妨又不是一種獨特的體驗呢？

　　德國出了很多偉大的詩人、音樂家、哲學家和科學家，所謂地靈人傑，德國秀麗的山山水水，難以數盡。其中美得令人窒息的新天鵝堡便是最驚艷的景點。置身於新天鵝堡與它四周細膩磅礡的自然景觀，聆聽年輕國王路德維希二世童話般的傳奇，往往給人有不虛此行的感覺。

漢堡是德國最大的港口，近三百航線通向世界各太子港口，四通八達。漢堡不但有「水上城市」、「快樂城市」的美譽，還是一個繁榮貿易的文化城市。

　　女兒居在漢堡，每次到訪，總喜歡到市中心的市政廳前看熱鬧，體驗大都會遊人如織的盛況。天氣好的時候，我總喜歡在阿斯爾特外湖邊漫步，在綠地與公園中靜觀城市的新動脈，和欣賞泛舟點點碧波盪漾的外湖景色。每當環湖跑步的年輕人與我擦肩而過，我彷彿已融入漢堡人的綠化生活了。

　　萊比錫，一個復甦中的商業大城、博覽會城、大學城、書城和音樂城。在這裡孕育了哲學家尼采，詩人歌德，和學術精英的萊布尼茲。在這裡也成就了「音樂之父」巴哈和孟德爾頌，最令人注目的要算當今德國女總理默克爾，她的物理碩士及博士課程都是在萊比錫大學完成的。到此一遊，不禁讓我想起了蔡元培、周培源、林語堂、辜鴻銘也曾先後在此求學過。

　　德勒斯登素有《易北河畔的佛羅倫斯》美譽，巍峨壯觀的建築群美不勝收。在德勒斯登，奧古斯圖是一個家喻戶曉的傳奇人物，把一個默默無聞的城市打造成一個藝術殿堂，就是他。

　　佇立在細膩和傳神的壁畫「王侯馬列圖」前，像看一幅《清明上河圖》一樣那麼令人振奮。

　　19世紀末期，一群崇尚自由主義的年輕畫家聚居於不萊梅城附近的沼澤地，後來成為德國重要的畫派之一的「沃爾普斯韋德藝術村」，從德國開始的「表現主義」也在這裡發揚光大，他們在現代藝術史佔有不可忽視的一頁。來到藝術村，愛畫之人自然不能錯過參觀海恩里希‧福格勒（Heinrich Vogeler）和奧托‧莫德索恩（Otto Modersohn）等畫家的舊居兼展覽館。

　　人在旅途上，偶而會產生附庸風雅的衝動，偶而也迷而不知返，然而旅遊的一切都歸還於「生命歷程」。

Germany

原來在一次次的旅行，不盡是為了看古蹟或現代建築，也不盡是觀景賞月，在不知不覺中養成了觀察的習慣，學會了凡事追根究柢的精神，於簡樸中見深意，學會感受各地的人文的氣息。

也許這就是旅行的真正意義吧！

CONTENTS

第一篇　走入德國童話之路

第二篇　尋找歌德蹤跡

第一篇
走入德國童話之路

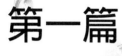

　　童話之路是德國最早的旅遊線路之一。從哈瑙延伸到布萊梅，長約600公里，串連起70多個與格林兄弟生平和童話故事相關的城鄉市鎮起來，以致很多名不見經傳的城鎮也因此而聞名遐邇。

　　沿途穿越格林兄弟的出生地哈瑙（Hanau）和他們快樂童年的舊居地施泰瑙（Steinau），繼續往前則是小紅帽故鄉阿爾斯費爾特（Alsfeld），親身體驗到無處不在的童話氣息，而終點站是布萊梅，更因為它的家喻戶曉的「布萊梅歌手」，令人難忘。

穿越哈瑙

　　哈瑙（Hanau）距離法蘭克福20公里，搭IC快速火車只需14分鐘路程，即使坐普通火車也不過30分鐘就到了。

　　我從哈瑙火車西站出來，沿著大街往市集廣場走去。星期六的早上，街道上來往的車子並不擁擠，四周也顯得格外安靜，已經入秋了，路樹仍青綠如初，迎風搖曳，我邊走邊看風景，深深地吸一口樹香的空氣，感覺特別舒坦。

探尋格林兄弟的足跡

　　抬起頭一看，哈瑙市地標指示牌上分別寫著：自由廣場、格林兄弟出生屋、哈瑙老城區、王宮花園、德國金飾屋、基督瑪麗恩教堂和哈瑙會議公園，這些都是哈瑙城市主要的景點。

　　凡是到哈瑙的遊客，十之八九是仰慕童話故事作家格林兄弟而來的，而我也不例外，也許童心未泯，童話故事至今依然深深吸引著我，《白雪公主》、《灰姑娘》、《小紅帽》和《青蛙王子》幾乎是百聽不厭的，怎麼也忘不了童年聽故事的樂趣！今日舊地重遊，踏著格林兄弟的足跡，刻意細細品味這座格林兄弟出生的城市。

　　在哈瑙城市名人錄中有兩張響叮噹的名片，那是1785年出生的雅各·格林和1786年威廉·格林。這兩兄弟在德國人眼中，不僅是19世紀著名的童話搜集家，同時也是從事語言文化研究的佼佼者，因為格林兄弟編纂德語詞典《Deutsches Woerterbuch》和闡述有關德國語言發音變化的格林定律，被公認是德語語源學的經典參考書籍。

　　記得1975那年，德國政府為紀念童話大師格林兄弟誕舉辰200週年，規劃了一條旅行線路，稱之為「德國童話之路」，始於格林兄弟的出生地哈瑙，止於布萊梅城，全長600多公里。童

Germany

話之路由蜿蜒的公路走到深山野嶺，由中世紀的小鎮走進入夢幻般的城堡，再由洞穴走入現代化的博物館，這一切彷彿不經意的，卻喚醒更多的人對童話大道的興趣。

近年，哈瑙市政府為了慶祝出版格林兄弟的《兒童和家庭童話集》兩百週年，為了讓哈瑙城市更有魅力更名聞遐邇，舉辦很多文化活動，設定了2012年至2014年為「格林之年」。剛好2014年是童話節30週年，城市舉辦童話編劇徵文，得獎作品將於2014夏天演出20場，不管是在露天劇場、木偶演出日或童話節、主題一定是圍繞著格林兄弟的童話，傳說和逸聞。

在市集廣場上漫步，我遠遠便看到了格林兄弟的紀念雕像，雕像後面便是全歐洲最古老市政廳，這一帶是哈瑙城鬧區。雕像佇立在高高的四方形基座上，站著的是滿頭卷髮的哥哥雅各，弟弟威廉則坐著看書，他們衣冠楚楚正沉浸在冥想之中，一點不受市集喧囂人潮的干擾。

這座雕像來頭不小，它原屬於德國國家級的紀念物。在1884那年哈瑙成立了一個紀念雕像委員會，是為了與卡塞爾、哥廷根和柏林競爭，爭取格林兄弟國家紀念雕像的建造權。哈瑙最終以格林兄弟出生地之名，擊敗了極具優勢的柏林城市奪得建造權。

格林兄弟紀念雕像也經過慎重的挑選。雕塑家西裡烏斯·埃貝勒（Syrius Eberle）在1888那年，他的作品在眾多的優秀競爭者中，脫穎而出，成為在市集廣場接受人們敬仰的紀念雕像。但是，為了落實這個紀念碑，哈瑙城市前後共花了12年的時間，一直等到1896年，哈瑙格林兄弟國家紀念雕像才正式揭幕。

由此可見德國人對格林兄弟是多麼地敬重。

我對童話搜集家的生平特別感興趣，所以想參觀格林兄弟出生屋。千尋萬覓，原來格林兄弟的出生屋就在離集市廣場不遠的自由廣場，在二次大戰時遭空襲早就被夷為平地，我來到原址，

童話大師格林兄弟雕像

只見一棟普通排樓的大門一角上，貼一張殘舊的有關格林家庭簡介書，卻見不到旅遊書上提到的紀念碑，我感到異常失望。

菲力浦斯魯爾宮殿

話說1594那年，哈瑙侯爵菲力浦斯路易士二世在美茵河畔（Main）建了一個夏宮，從此，這個秀麗的地方隨著綿綿不絕美茵河水，向人們訴說著王族傳統和現代。

在「三十年戰爭」（1618-1648）中，這個夏宮很不幸被摧毀了。到了1701年，哈瑙侯爵菲力浦斯萊恩哈德以巴黎郊外的Clagny宮作為籃本，在芳草如茵的原址重建了一座夏宮。這座華麗堂皇的宮殿在19世紀曾經一度被拿破崙佔據。

Germany

菲力浦斯魯爾宮殿全景

哈瑙市的「德國金匠屋」

23

現在我們看到的宮殿外貌是經由費裡德里希‧威廉全部整修過的，自1967年起，它已經成為當地歷史博物館，館內設有畫廊展示近世紀的德國和荷蘭名畫、格林兄弟的紀念物、各國版本的《格林童話》、紙偶戲劇和戲臺陳列館。

凡有水的地方，必有靈氣。美茵河是萊茵河右岸支流，由庫爾姆巴哈（Kulmbach）蜿蜒向西流淌，經過班貝格、維爾茨堡、哈瑙、法蘭克福，於美茵茲城匯入萊茵河。美茵河河邊茂盛的樹木綠意盎然，沿著美茵河散步，在樹蔭下可以徜徉在菲力浦斯魯爾宮殿磅礡之氣中。

精雕細琢的宮殿鐵門，加上黑底鑲金的鐵杆，足已散發著王族的高貴，踏進了大廳，視線所及更是金碧輝煌雍容爾雅。對於宮殿前庭後院，哈瑙居民有著莫名的鍾愛，每年5月到7月，哈瑙均會舉行格林童話節，在浪漫的綠色的花園中，幾乎每天都有格林童話戲劇上演。

參觀金匠屋

下午三點多了，付了2.50歐元門票我便踏入金匠屋。金匠屋是知名的國際飾物展覽館，它的前身是哈瑙老城市政廳，是一座1550年建造的四層樓木架屋。哈瑙的金飾藝術和首飾工藝以精緻為著，它已有四百多年歷史。

金匠屋除了展出哈瑙傳統金銀器和飾物外，同時定期舉辦個別展覽，目前正展出以印度為主題的飾物藝術品，我帶著好奇心的眼光看著珠光寶氣的木頭模特兒，琳琅滿目的飾品分為耳環、鼻環、項鍊、戒指、手鏈、手鐲、髮飾、額飾、胸飾、腳鏈，極富民族特色。我發現印度飾物首飾做工果真精湛，造型古典華麗，但和中、西飾物相較卻顯得有些複雜、奇異和誇張。

Germany

　　走出金匠屋，我想起那些衣著鮮豔紗麗的印度女子，想著她們載歌載舞的時候，她們金屬飾物總是不停在叮噹響。

　　無巧不成書，在金匠屋旁就是瑪麗恩教堂，這座古樸的教堂牆上有個紀念碑寫著：格林兄弟的曾祖父是一位牧師，他在此任職42年，而他的祖父Friedrich Grimm也是一位牧師，他在一個名為施泰瑙街道上（an der Straße Steinau）的小鎮任職長達47年之久。由此可見，格林家族和哈瑙城市有著跨越四代的深厚淵源。

　　穿越哈瑙，發現處處都有格林兄弟的蹤跡。

　　最大的享受是當我在Schien咖啡廳，叫了一杯咖啡和一份「格林兄弟蛋糕」，隨著咖啡之香味一口口吃下美味的巧克力蛋糕，看著蛋糕上裝飾的格林兄弟雙人像，我再次陷入童話的迷思。

時光流溢在施泰瑙街道上

中世紀以來，自法蘭克福至萊比錫之間有一條貿易之路，蜿蜒而崎嶇，其路必經一個名不見經傳的小鎮，叫施泰瑙小鎮。

施泰瑙小鎮坐落在基錫河谷裡，四周的高高低低的山丘，彎彎曲曲的水潤，越過山丘的羊腸小徑總是隱沒在鋪滿青蔥碧綠的樹林，那散落在草叢裡的紅磚堆砌的城牆，往往是當年旅者的路標和里程碑。

打從14世紀起，小鎮便被改稱為「通往富勒達城市」街道上的施泰瑙（Steinau an der Strasse）。原來，離開施泰瑙不過37公里的富勒達城市，自中世紀來盛產鹽巴，鹽商都利用驢子來運鹽到施泰瑙附近的美茵河，再由這一帶水路運輸到全國，於是，小鎮隨著鹽商在貿易之路往來頻繁而得其名，並且扮演著舉足輕重的角色。

記得初訪施泰瑙時，站在古老的石板路上，我不禁沉浸在遐思中，彷彿看到在「貿易之路」上車馬顛簸的情景：天色還未大亮，風塵僕僕的商賈馬夫已經在路上馳騁，還有一隊負荷百斤重，踽踽而行的驢子，在孤寂艱辛的漫長路途中度過夙夜匪懈的歲月。

在遐思中，又讓我懷念中國昔日長途跋涉的茶馬古道了。

施泰瑙居民為了紀念驢子的辛勞，特別把公園裡一條小道，取名為「驢子小路」，它隨時隨地喚起那沁人心脾的「貿易之路」畫面。

在這綠意盎然的小小鎮，沒想到它還擁有一座壯觀的城堡。城堡是由哈瑙‧慕恩成山的伯爵威廉二世從1552年開始修建的，輾轉到了他兒子威廉三世，共用了八年的時光方才建好！

整個城堡有幾個特徵，一則是外圍有很深和很寬敞的壁壘，二則是城堡中內牆與外牆的迴廊呈五角形，除了前後各有城門外，各角落均設有事務所、管理員住宅、烤麵包房和屠宰家禽房等，還有一座高達41米的高塔。今日的城堡已闢成博物館，館

格林兄弟紀念街景

中的陳設還保存著文藝復興時期的壁飾，供人參觀的有昔日宮廷的廚房設備、飯廳，二樓展示宮廷大廳和有關格林兄弟的歷史資料。

格林兄弟與施泰瑙小鎮

隨著工業革命的發展，火車、輪船取代了很多傳統的運輸工具，貿易之路也逐漸失去原有繁榮，施泰瑙小鎮逐漸也被人遺忘。然而，另一個機緣又將施泰瑙小鎮推向另一個高峰。

菲力浦‧格林先生是德國童話搜集家格林兄弟的父親，先後在哈瑙市擔任過法院律師和市政司官，1791年，他決定返回他的

出生地施泰瑙小鎮任行政司法官一職，當時年僅五歲和六歲的格林兄弟和他們三個幼弟便隨父親母親一起遷移到施泰瑙來。

於是，施泰瑙成為格林兄弟第二故鄉，在那裡他們和一般小孩一樣學習閱讀和寫字。後來在雅各‧格林在許多書信中提起童年往事，他們最難忘的是跟隨著父親到辦公大樓，或在院子裡、穀倉、和花園裡蹓達蹓達。在施泰瑙生活的那段日子是他一生中最快樂的時光，在雅各的記憶中，父親是一位慈父，他傳授了很多植物學和動物學的知識給格林兄弟們，受益匪淺。

1796年，才44歲的菲力浦‧格林因得了肺炎而辭世。一家人即隨之被迫離開公家住宅，年輕守寡的母親要艱苦地維持著五個孩子的生活，那時候雅各‧格林才11歲。在短短五年時光中，格林一家經歷多次痛失親人的命運，先是兩個弟弟沒活到兩歲便夭折，後來照顧他們的姑母也在那年去世，她一直是孩子們貼心的「媬母」和「教師」，她的去世讓格林兄弟們感到很悲傷。

兩年後，他們得到住在卡塞爾的姨媽的經濟支援，一家人才順利遷居至卡塞爾，和在那裡接受教育。

會說故事的一條街

施泰瑙小鎮有一條重要的街道，一條每位訪客不輕易迷路的美麗街道，在這條路上你找到所有訪客想尋訪的地方，咖啡廳、書店、旅客詢問處、古堡、市政廳、格林兄弟舊居和博物館，應有盡有，真正是一個小而美令人感到歡愉的週末旅遊景點。

家喻戶曉的童話故事《青蛙王子》的發源地據說就在施泰瑙。訪客會很快發現到坐落在格林兄弟舊居前和市政廳前的童話噴水池，有很多青蛙王子與公主維妙維肖的雕像。訪客有很多選擇，要瞭解格林兄弟生平和家庭背景，可以參觀格林兄弟舊居和

Germany

博物館，要認識童話中主角公主或王子不妨到古堡大廳作客，要現場與童話故事人物打照面的可以拜訪木偶劇場。

2014年是第一次世界大戰一百週年。世界各地的博物館紛紛推出歷史之旅的特輯，人們藉此向犧牲的戰士致意，也同時對殘酷戰爭的一種回顧。旅客如果選擇在五月的第三個周日舉辦的國際博物館節來小鎮，你會發現施泰璐為了響應國際博物館節，舉行了有意義的朗讀活動，童話故事中雖沒提到世界大戰這一回事，然而，格林童話的士兵辛酸的故事卻可以和現實殘酷的戰爭比擬的。

《藍燈》是其中一個富有神奇性質的格林童話，它生動的描繪了一個小兵在戰時為國家服役多年，負傷累累，可是戰爭結束後，這個傷殘小兵卻沒得到應有的照顧，在他人生最後的關頭，那神奇的魔術《藍燈》改變了他的命運。在聆聽《藍燈》格林童話之際，人們會有對童話產生不同的看法和感受，因為這次童話故事的主角，並非千篇一律的美麗的公主和英俊的王子，而是在生活中實實在在的小人物！

貿易之路在這裡經歷幾個世紀，傳統的集市也經久不衰，每年10月第三個周日的「卡特琳娜集市節」是紀念小鎮街道集市，每年市集開始節前，必推選一個市集代表人，通常來自各行各業的老工匠，有趣的是，在當天這位市集代表人會穿著傳統服裝現身在市集中，熱情地對訪客解說他的職業和經歷，使集市節的氛圍變得熱鬧起來。

10月的「卡特琳娜集市節」讓遠近的居民意味著，在冬天降臨之前來一個暖身活動。所以在逛市集時，他們盡情地去品嘗地方小食和紅酒，以更細緻更豐富的方式，回憶當年市集貿易的繁榮。

第一篇　走入德國童話之路

阿爾斯菲爾德小城

　　美麗的阿爾斯菲爾德小城（Alsfeld）座落於德國北黑森州，小城雖小卻名聞遐邇，於1975年被列為歐洲的模範城市，是德國「童話之路」、「木架屋之路」旅遊路線上的一個亮點。

　　德國的7月，陽光溫柔得像春天一般宜人，一個巧合的機會來到小城，我懷著愉快之心情漫步在石頭路上，沿著路標去尋訪精巧浪漫的木架屋，重溫格林兄弟的小紅帽與大野狼的童話故事。

　　置身在雅緻的老城中，抬頭觀望，只見圍繞集市廣場的是一排排的三、四層高的山牆大樓房，瞬間純樸風貌的小城變壯觀起來，那橫橫豎豎的棕色木條經工匠的巧思，鋪出形形色色的框架門面格式來，說來難以置信，光在這小城中就有400棟維護得很好的中世紀木架屋建築。

　　在流逝的漫長歲月裡，莊嚴的教堂、木架屋、彩繪的木雕依舊散發著中世紀的氣息，它的氣勢磅礴令我驚嘆不已，驀然回

市政廳是小城的標誌

Germany

首，一個溫馨的小陽臺在街尾一角隱約約地放出異彩，想必出於主人的精心設計吧？陽臺四周盡是盛開的盆栽花卉，當金閃閃的陽光照射那兩把休閒椅子時，濃厚的浪漫氣氛正瀰漫著，讓我擁有花季的喜悅。

市政廳是典型的山牆木架屋，它和以直線、平面鋼鐵水泥的現代建築設計不同，在五百年前，工匠們便會靈活地應用力學去擴展建築空間，細看這座舊市政廳，除了最高層的山牆房間外，第三層樓的面積比第二層樓的大，第二層樓的又比基層的大，它給人一種有點身大腳小的感覺，若用今日的建築的角度來看，不求均衡的結構是多麼不可思議！

雄偉的市政廳是小城的標誌，也是訪客最愛拍攝的景點之一。據說，為了紀念它建立500週年，於2011年國家曾以市政廳為圖案發行了一枚0.45歐元的紀念郵票。

酒屋

小城居民舉辦喜宴的「婚禮屋」

集市廣場的左側有一幢酒屋（Weinhaus），阿爾斯菲爾德的旅遊局就設在這兒。酒屋原是當年的儲存酒的倉庫，喝酒也是市民生活中不可缺乏的樂趣，當年酒的買賣是市政府主要收入來源之一。

酒屋是1538年用石材建造的，酒屋的外觀極為講究，紅色的屋頂、梯形山牆、半橢圓窗以及窗前鮮豔奪目花盆，把酒屋裝飾得美輪美奐，叫人一見就喜愛。

據說，凡有酒醉鬧事、偷竊、奸詐、娼淫等涉案行為，按當年的懲戒習俗是綁起來在集市廣場示眾。在酒屋的屋牆角我找到了當年的縛頸鐵環刑具，撫摸著堅硬鐵環，心想不知有多少人曾被吊掛於此，一幅眾人圍觀的忿怒唾罵和飽受侮辱受刑者的畫面浮在眼前，頓時令我不寒而慄。

酒屋依舊是巍然矗立在集市廣場上，而綁手縛頸街頭示眾的懲戒習俗早已廢除了，畢竟我們生活在21世紀中，不合理的懲戒習俗已成過去。

和酒屋同樣用石材建造的大屋是一幢婚禮屋（Hochzeitshaus），婚禮屋是小城居民舉辦喜宴的地方，而公證結婚卻在市政廳裡。人們在這兒可以選擇在市政廳裡舉行復古公證儀式，一對新人在貴族裝扮的證婚主持人的祝福中，度過人生最美好的時刻。在他們眼中，一切彷彿都回到中世紀去了，把喧嘩紛擾的世界拋諸腦後，此時此刻，歡歡喜喜地和親友們一齊穿越時空，感受不一樣的婚禮氣氛。

很多德國小城總喜歡在集市廣場置設一個鵝妹妹（Gaenseliesel）雕像。阿爾斯菲爾德小城也不例外，就在酒屋後院的1959年建造的小噴泉處，找到了鵝妹妹和的大鵝的雕像，這裡的鵝妹妹頭上戴著像杯子的小小紅帽子，因而被很多觀光客誤認是格林兄弟筆下的小紅帽。

Germany

　　家喻戶曉的《格林童話》自1812年出版以來，已有兩百年多之久。而格林兄弟所描繪的戴小紅帽女孩正是這兒一帶的地方傳統服飾，阿爾斯菲爾德就很自然地成為了《小紅帽》的故鄉了。記得《小紅帽》故事一開始就這般敘述：

> 小紅帽帶了媽媽親手烤的糕餅，愉快地走出門去探望生病的外婆。當善良的小姑娘經過森林時，遇見常在鄰近出沒的野狼，狡滑的野狼三言兩語便套出外婆的住處，然後抄捷徑先趕到那兒，一進門，立刻撲向躺在病床上的外婆，將她吞進肚子裡，因為牠已經三天沒有吃東西了。接著他關上門等待善良小紅帽的抵達了……。

　　童話故事中的世界宛如萬花筒，讓人目眩神迷，不僅是大人講故事孩子聆聽，還讓他們辨別世事是非。在個人成長中，童話故事總是留下不可抹去的痕跡。

　　踏著前人的足印，我來到「童話屋」前。它是於1969年改建的一幢四層高的木架屋，遠遠看去像火柴盒般城堡，我被倚在最高的兩個窗口的人物深深地吸引住了。一位長髮姑娘的長辮子從高高的第四層樓右窗一直拖近地面。

　　記得長髮姑娘的故事的開始，就是敘述一個男人為了取悅正懷孕中的妻子，竟然冒險偷摘了隔壁巫婆花園的一些萵苣，被發現後，巫婆要強迫他答應將剛出生的女兒交給她憮養。後來這個女兒便被命名為萵苣菜（Rapunzel），由於她留著一頭又長又健康的長髮，又被稱為長髮姑娘。到她長大時還將她關入一間位於森林高塔上的房間，沒有樓梯也沒有門的，當巫婆要去找長髮姑娘時，她會站在塔下喊：「長髮姑娘，長髮姑娘，放下你的長髮，讓我爬上這座金色的梯子。」

一幢四層高的童話屋

後來，當王子出現時，故事有了轉機。

此時此刻站在窗前的長髮姑娘，想必正等待她心愛的王子向她高呼：「長髮姑娘，長髮姑娘，放下你的長髮，讓我爬上這座金色的梯子。」

再抬頭看左邊的窗，那是用勁抖著羽絨枕頭的霍勒老奶奶！她不但能召風喚雨，還能讓羽絨如雪花般地飄落。

精采的還在後頭，我跟著人群踏入屋內，發現每一個角落便是一個小舞臺，童話人物全登場了，讓人目不暇給。這裡有青蛙王子、白雪公主、睡美人、小紅帽、灰姑娘、捕鼠人等栩栩如生的木雕泥塑，只怕稍一窺視，便不知不覺走入夢幻般的童話世界去。

果真如此，我在小城「童話屋」屋內瀏覽一個小時多，卻不覺察出時光飛逝。樓上傳來講故事的聲音，原來一位導覽哥哥正

繪聲繪色講述小紅帽與大野狼故事，而孩子們早已經聽得滾瓜爛熟，他們邊聽邊喊道：

「外婆，外婆，妳有好多的毛哦！」

「這樣才容易保暖，孩子。」

「外婆，外婆，妳的指甲好長哦！」

「這樣才更容易抓癢啊，孩子。」

「外婆，外婆，妳好大的耳朵哦！」

「這樣才容易聽清楚你說話，孩子。」

「外婆，外婆，妳的嘴巴好大哦！」

「……這樣才容易把妳吃掉！！」

隨之而來的是孩子們的一片歡笑聲……。

童話故事，不管是用聽的或閱讀，不管你什麼年齡，都太吸引人了。童話屋不但是點綴小城的一個景點，更是找回童心的摩術棒，讓人久久沉湎其中。

布萊梅印象行

從布萊梅火車總站走出來，遊伴和我各拎著背包，內有足夠兩天外宿的衣物。我們是要到布萊梅城郊區的漁人村參加中華工商婦女會舉辦的年會的。召集人忙著張羅會場，特請林芝姐來接車，但她又因忙著中文班事務，還不能來總火車站接我們去會場，於是我們兩人決定利用在這空檔時間中到市中漫遊。

從總火車站步行到市中心不過十多分鐘，只是身上沒有布萊梅市區的地圖，我們只好憑著感覺走。才走不到五分鐘，卻無意間闖入了布萊梅城的公園來，這裡沒有鬧區街景，沒有汽車噪音，也沒有神色匆忙的趕路者，只有綠草如茵、樹木成蔭的綠色地帶，沿著城市蔓延，其蜿蜒之勢恰似一條腰帶，人稱之為布萊梅的綠色腰帶。

迎面來了一群觀光客，帶隊的導遊邊走邊解說，我們不禁好奇地跟隨他們朝著磨坊方向走去，只見一座古色古香的風力磨坊矗立於一處綠野風光上，古樸而優雅，給人一份清涼感，在短剎的時刻中，磨坊的風采深深印在我腦海裡。

來到布萊梅，叫人馬上就想起家喻戶曉的格林兄弟撰寫的「布萊梅市的音樂師」。這個故事並不是在敘述什麼音樂家或優美的曲子，而是在講四隻年邁力衰的動物如何與牠們的命運抗爭，和如何前往牠們響往的理想國「布萊梅」。

故事的開始是敘述一隻因力氣衰竭再不能替主人效勞的老驢，牠正遭到主人槍殺之危，便想到布萊梅城市去做音樂師，路途上結識了一隻狗，牠因為衰老而跑不快，無法跟主人打獵去，獵人也想一槍解決了牠，為了保命於是牠得逃亡。

驢子說服了狗，結伴前往布萊梅市去做音樂師。沒多久牠們在路上遇上一隻老貓，牠日子也不好過，因為牠的牙齒鈍了逮不住老鼠，所以牠的女主人要淹死牠。

當然貓也加入了這音樂師隊伍。最後還有一隻怕被女主人

Germany

宰殺煮成上湯餚菜的公雞，也跟著一塊去奏樂賣藝為生。可是，去布萊梅城市路途甚為遙遠，在飢寒交迫的深夜裡，牠們發現到一個強盜窩，屋內既是溫暖舒適，桌上又置滿美酒佳餚，十分誘人。於是想出一個妙計要趕走那些強盜。牠們一隻踩著一隻身上，在同一個時候，驢叫狗吠，貓咪雞啼，然後闖窗而入，嚇得眾強盜落荒而逃。有了這麼一個棲身之所，後來牠們就乾脆留在那裡過晚年。

1951年一位德國雕塑家格哈德‧馬爾克斯Gerhard Marcks將這四隻動物生動地雕塑下來，今日人們可以在市政廳西邊一角，觀賞這個極富有寓意的藝術品。

步入市集廣場，映入眼簾的是宏偉壯觀的市政廳和遐爾聞名的羅蘭德石雕。有人說，布萊梅的建築物一幢比一幢精緻。一點也不錯，我們每當瀏覽觀賞一幢風華依舊的古屋，總忍不住驚嘆一番。其中最雍容大方的要算是市政廳，它是布萊梅的旅遊焦點。從整體來看它，市政廳是一座哥德式的建築物，於1405-1410建立，長達41公尺，寬則有16公尺，巍峨聳立，凜然正氣。從小處來看，市政廳有的是琳琅滿目的浮雕，還有那波浪形狀的一排拱門，美不勝收。

羅蘭德石雕位於市政廳前，宛如一個忠實的衛兵，天長地久地守護著市政廳。根據歷史記載，在中世紀時代，大主教和新興起的資產顯貴屢屢發生爭奪統治權的衝突，幾度掀起戰爭。1366年在一場戰亂中，大主教的士兵竟把一座木雕的羅蘭德燒毀。人們在1440那年才重建一座石雕的羅蘭德，顯示了他們對自由的憧憬和捍衛。今日的羅蘭德更是城市的標誌，它象徵了市民權利和自由。

市政廳東側豎立兩座穿甲袍騎士銅像，它鮮為人知的來歷引起我的興趣。原來這兩座出自慕尼黑名雕塑家梅遜（Rudolph Maison）的作品，經由當地的一位名叫Harjes的銀行家，在1900年

的巴黎世界展覽會收購後再捐贈給政府。梅遜的作品甚多，在市中心的一座噴泉也是他的作品，可惜因戰爭所破壞已經不存在了。

在集市廣場，人來人往，熙熙攘攘，叫人想起布萊梅「商業城市」的美譽，它曾經締造了歐洲貿易的橋樑，也曾有輝煌的製船工業，鋒芒畢露，富商豪門匯聚於此，度過一段黃金歲月。

從市集廣場漫步到柏伽街不過幾步路，那是一條不過100公尺長的老街，一走近街口，就被一幅金碧輝煌的浮雕深深吸引著，這是布萊梅城著名的藝術家伯恩哈德‧赫特格爾Bernhard Hoetger的傑作。這幅取名為「引光者」的巨型浮雕，的確是光彩奪目引人入勝，令人一見難忘。但是好戲在後頭，每走幾步，便有一處文化景觀，充滿了藝術氣息，塑像、畫廊、鐘樓上掛著的旋轉藝術木雕畫板、博物館、精品店等蔚成大觀，讓人踟躕不前，流連忘返。

漫遊中不覺已近黃昏，驀然想起林芝姐將要來接我們去會場，匆匆告辭了繁華的柏伽街，走回火車總站等候。

遊伴說她會重遊布萊梅，後來，她果然和家人再次探訪了這個明媚的城市，而去年仲夏，我也舊地重遊，這次遊伴是外子。

環顧氣象萬千的古老建築物，我們驚嘆它輝煌的歷史，當我們徜徉在柏伽街時，我們清清楚楚地知道，布萊梅這城市會讓很多人一見鐘情的。

第二篇
尋找歌德蹤跡

德國諸多城市都鐫刻了歌德的名字，法蘭克福是詩人的出生地；威茲菈小城是世界名著《少年維特的煩惱》故事背景的所在地。威瑪是詩人步上仕道飛黃騰達的文化城，而巴鴻姆堡卻是詩人與初戀女友最終要分手的地方。我們從法蘭克福出發，探尋文學巨師歌德的足跡，洞悉他多采多姿的一生。

從法蘭克福出發

　　如果說慕尼黑是德國的靈魂，漢堡是德國的頭腦的話，那麼法蘭克福該是德國的心臟了。法蘭克福不單僅是自古以來的交通要塞，當今還擁有歐洲第三大機場，一切都走在現代化的最前端。它多年來仍不斷拓展商業，努力推動金融經濟，不斷製造城市的新形象，到如今已成為名聞遐邇的一個國際商業文化城了。

　　初到法城的人，總覺得城市景物如天花亂墜，令人眼花繚亂，令人無所適從。識途老馬則視此為法城的優點，因為它擁有多樣化的繁華大都會特徵。

法蘭克福總火車站

　　法蘭克福總火車站（Hauptbahnhof），是歷史悠久的老火車站，也是歐洲最繁忙的火車站，每天平均有1600輛火車從歐洲各地到達這裡，每日客運量是255000人。搭乘IC（ICE）特快列車可直達漢堡（Hamburg）、科隆（Koeln）、慕尼黑（Muenchen）等地。

歷史悠久的法蘭克福總火車站

Germany

總火車站建於1888年，採取新文藝復興及新古典主義的建築風格，外貌古色古香，內部建設卻十分現代化，，經過歷年擴建，共有24個供長途火車使用的月臺、4個市郊火車（S-Bahn）月臺、4個地鐵（U-Bahn）月臺及火車站外的6個電車月臺。

法蘭克福總火車站附近的大街小巷，佈滿了旅館、咖啡店、速食店、西餐館、中餐館和琳琅滿目的小商店，成為了吸引遊客的另一道風景線。

法蘭克福展覽會場

漫步入銀行區，映入眼簾的盡是雲霄大樓。一座座登天似的辦公大樓，有條不紊地顯示出他們結實壯大的枝幹。法蘭克福是國際大小銀行企業爭天下的地方，這裡擁有332家銀行，770家保險公司，特別還有歐洲中央銀行、德國中央銀行和法蘭克福股票交易所設立於此，促使法蘭克福成為具有影響力的金融市場。

法蘭克福展覽會場是一個擁有二十棟展覽大樓的展覽大會場。自1988年，展覽大會開始建了一座高達二五四公尺的大會尖塔，成為法城的地標之一，象徵著其出類拔萃和蓬勃的展覽事業，從老遠處也可以看到它。

法蘭克福展覽會場每年有十多個國際性和本國性的的展覽。值得一提的是一年一度的書展。每年吸引來自世界各地約30萬人前來參觀，參展商中有三分之二來自國外。不管是出版社與作家的會面或是書商與顧客的商議，會場總是絡繹不絕，作為書迷的參觀者，可以在會場先睹為快閱覽新書和購書，或聽名作家演講，甚至和他們交談和得到心儀的作家簽名字。逛書展往往是一種另一番情趣，最適宜學生和文化人士參觀。

購物中心、美茵河、薩森豪森小區

　　從總火車站乘短程火車S Bahn只要兩、三個公車站的路程就
到了Hauptwache，最熱鬧的購買中心。各種衣物、化妝品、裝飾
品，名牌的或土產的，林林總總都可在這裡的百貨公司買到，可
稱為購物樂園。此外，歌德大街是法蘭克福的高檔購物地段，據
稱匯聚了國際名家設計師當季節的名牌時裝。

　　除了購買，也可休閒地登臨Zeilgalarie商場頂樓，俯視全法
城景色，視野所及，美不勝收，在金光閃爍的陽光下，法城顯得
那麼燦爛。

　　法城的居民不時在嘆喟，在過去四十年中，市容有很大的
改變，高樓雲集，交通繁雜，他們留戀著以前三、兩層寬闊的洋
樓，和那街道整潔的市容。在他們眼底，尚未遭遇拆舊建新之區
域，才是舒適耐看。實際上，法城還會再變的，每年有更高更新
的高樓出現。

　　隨著春天的步子來，法城更越發明朗嫵媚，沿著美茵河畔
（Main）走，可以感覺到美茵河充滿了水的靈氣，兩岸盡是賞
心悅目的風景，沒有車馬喧囂，河堤上有人散步、慢跑、騎腳踏
車或溜滑板，河邊吹拂著陣陣的清風使人感到十分舒暢，將入冬
以來所累積的鬱悶一掃而光。

　　美茵河賦予法蘭克福這座城市太多旺盛的生命力，可以說它
是法蘭克福的母親河。美茵河設有遊船碼頭，有不少遊客到此上
船遊河，夏天環城遊河成為賞景的首選。

　　這裡有一座悠久歷史「老橋」（Alte Bruecke），可追溯到
它名稱於1220年第一次在一個文檔中出現，它和法城的發展長久
以來有密切的關係。老橋從古至今一共被毀壞了18次，每次都重

新修建才能保留到今天。

最讓人留下深刻印象的是掛滿同心鎖的鐵橋（Eiserner Steg），鐵橋是行人通行的橋樑，連接了羅馬廣場和薩森豪森（Sachsenhausen）兩個著名旅遊區，它對法城居民有太大的意義了，人們再也不必繞大段路才能到達對岸，用當地的方言來說：hibbde-bach un dribbdebach，說白了，就是「就此過了河對岸」。

薩森豪森是一個富有情調的飲食遊樂區，單憑它的香醇蘋果酒和道地的法城香腸，就可以打開了它的知名度；此地的老街區號稱饕餮胡同，尤以卡拉伯小巷Klappegasse一帶的老字號餐廳最受歡迎，這兒有的是家傳特製的蘋果酒。從各地來的遊客，尤以日本遊客都喜歡來這裡喝酒聊天。

此外，薩森豪森也是濃郁文化氣息的小區，它聚集了九個博物館，從人文、歷史、藝術、電影、工藝到科學工業館，應有盡有，人們稱它為博物館河畔（Museumsufer）。

法蘭克福的羅馬廣場（Roemerberg）

來到法城，不可錯過羅馬廣場，那裡古典厚重的傳統樓房最讓人感到賞心悅目。

法城雖然經過千年風霜踩蹓，在市中心還慶幸能保存中世紀的木架屋（Fachwerkhaeuser）的面貌。這些古老的木架屋特色在於幾何圖形的真木桁架，家家戶戶圖案各不同，點綴著盛開的鮮花，非常精緻。廣場東側的美麗房子在陽光的照耀下，顯得格外華麗。這些房子在中世紀是人們交易的鋪店，現今在文獻中還可以查出東側的每座房子的名稱，它們分別是「大天使」（Grosser Engel）；「金巨鳥」（Goldener Greif）；「野人」（Wilder Mann）；「大獾」（Kleiner Dachsberg）；「大

樹林山」（Grosser Laubenberg）；以及「小天使」（Kleiner Engel）。

法蘭克福市政廳坐落於羅馬廣場西側，一排三棟連體山牆形狀的樓房是世界聞名的標誌，自中世紀以來，市政廳便是城市政活文化經濟活動的中心。

廣場中央的正義噴泉女神Justitia，沒有蒙眼手持劍與天平，象徵著中世紀法庭審判的公正無私。

像這樣近千年傳統建築物，有的經過歲月的摧殘，有的是戰爭的破壞，幾乎沒有百分之六十的完整。德國人是愛護古蹟文物的民族，他們不惜花很多金錢時間把破壞了的古蹟重建或裝修。於1981-1986年期間，法城市民重建上述的木架排樓建築群。這些得以重現昔日風采的傳統建築物，和壯麗的市政廳遙遙相對，相得益彰，實在美觀。

建於1880年的老歌劇院（Alte Oper）是建築師Richard Lucae設計的，劇院上方寫著「真善美」的詞語，大門前有唯妙唯肖的歌德和莫札特雕像敦厚而立，突顯了歌劇院的優雅的氛圍和法城居民高貴的涵養！然而，第二次世界大戰時，老歌劇院不能倖免，遭到嚴重毀壞。經1981年修建粉刷後才重現昔日的輝煌。如今的老歌劇院經常有精彩的音樂會、高水準的歌劇和現代歌舞團表演，德國電視臺曾經選擇在老歌劇院做座談會節目，不但提升了人們生活的內涵，老歌劇院之盛名也不脛而走。

著名的保羅教堂和大教堂

在城中漫遊，三不五時見到高聳的教堂和哨塔。著名的保羅教堂位於羅馬廣場附近，是法蘭克福最具歷史意義的建築物。建於1270年，自1787年開始改建，直到1833年完成。

Germany

　　說到保羅教堂，便讓人想起德國最早的民主運動，1848年5月18日第一次德意志國民議會曾經在此舉行，各聯邦的議員討論如何制定國家統一的憲法，有代表支持成立由奧地利帝國統治的大德意志，將奧地利與波希米亞併入德國；有代表則支持由普魯士統治的小德意志，不包括任何奧地利領土。

　　最後議會通過應採取「小德意志」方案統一，並將德意志皇位給予普魯士國王腓特烈・威廉四世。不過，腓特烈・威廉四世拒絕這個建議，因為他認為奧地利將會反對這一個方案，而且最重要的是，在新憲法中規定國王對法案沒有否決權，這是他極力反對的。1849年4月德國民主運動在普魯士軍隊的鎮壓下終告失敗。

　　現在的保羅教堂不再是教堂，而是民族紀念館，每年舉辦的德國卜賀和平獎就在此頒發。

　　法蘭克福大教堂位於羅馬廣場以東。德文Dom是大教堂的意思，必須有大主教主持的教堂才能稱為Dom。但在法蘭克福大教堂沒有大主教主持過，卻被稱為「皇帝大教堂」（Kaiserdom），原因是在1562-1792年間曾經有過十位神聖羅馬帝國皇帝在此加冕，造就了它特殊的身分。

歌德故居

　　德國大文豪歌德，被譽為狂飆時代的中心代表人物，一生著作甚豐，計有詩歌3000多首，各類體裁劇本約80部和長篇小說5部，其中最膾炙人口的是《少年維特的煩惱》和《浮士德》。

　　歌德（1749-1832）出生於法蘭克福名流的家庭，他就在市中心Grosser Hirschgraben大街上一座四層排屋裡渡過愉快的童年。父親（Johann Caspar Goethe）是一位富有的法蘭克福皇家的

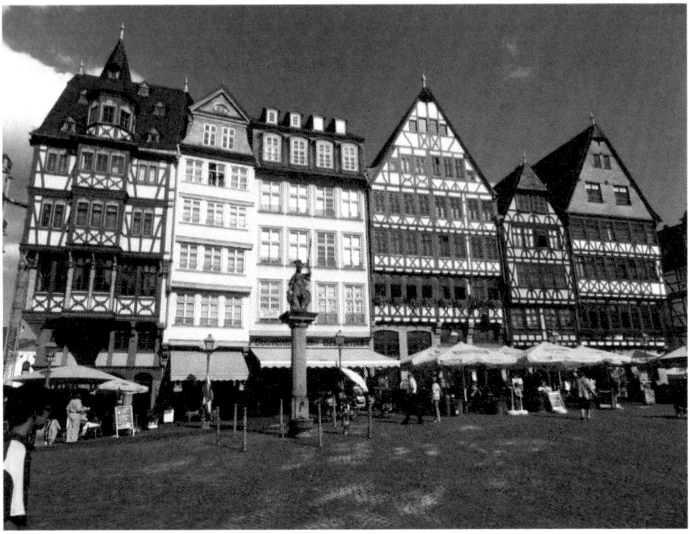

羅馬廣場的中世紀木架屋建築群

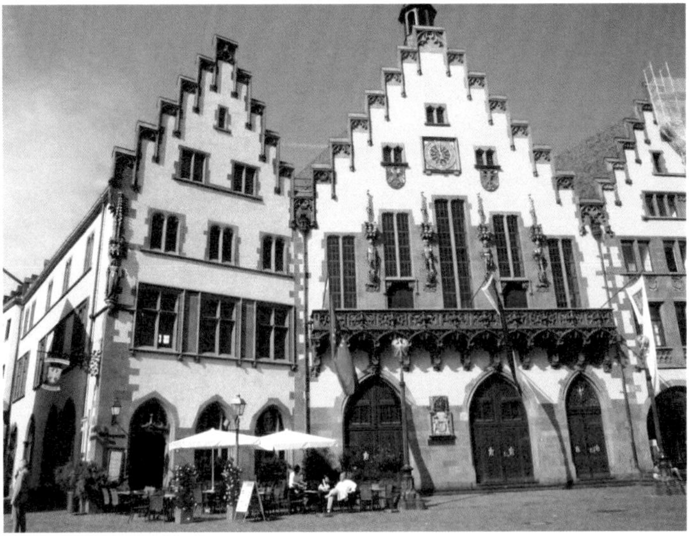

山牆形狀的法蘭克福市政廳

Germany

廣場中央的正義女神噴泉

老歌劇院建於1880年

顧問官，他愛好藝術和活躍在藝術家的社交範圍裡，對孩子思想品德教育方面要求頗高，歌德從小在父親的循循善誘下精通七種語言，稍長更是沉浸於文學和藝術廣袤世界中，和嚴父相對來說，歌德的母親（Catharina Elisabeth Textor）是一位慈母，識字達理的她也是出身豪門，父親是法界人士曾任鄉長一職。歌德的母親曾經生過五個孩子，活下來的只有歌德和他的妹妹（Cornelia Geothe），小時候，妹妹是歌德的玩伴，長大了兄妹感情也深篤。

　　這棟房子本是歌德的祖父留下來的祖屋，傳給歌德的父親之時，他便把房屋擴建成四層樓的樓房，祖屋隨之也改變了面貌。自1795那年歌德父親逝世後，歌德的母親獨居於這樣大的房子，她為了減少負擔，非常務實地把房子連同傢俱都賣出去了。在以後的一百年中，房子幾度改變屋主，最後由德國自由捐贈組織（Freies Deutsches Hochstift）買下，修建後對外開放，成為供人瞻仰的歌德故居。

　　我在一旁仔細端詳，這座紅棕色大樓房共四層，底層是廚房、餐廳，這兒設有私用井臺，顯示主人某種程度上的富裕，因為普通人家沒有自己的一口井，必須到公共水井去打水的。在二樓的前廳牆上掛著多幅義大利風景畫，也許這些氛圍給了歌德從小就對義大利文化藝術的憧憬；北京大廳是歌德老先生接待他的藝術家朋友的地方，這裡的桌椅和牆紙，充滿了東方氣息的設計。還有溫馨的音樂室設置了豎弦鋼琴和其他樂器。他們一家都喜歡音樂，歌德老先生彈琉特，琉特是一種類似琵琶的撥弦樂器，歌德奏提琴，歌德的母親和他的妹妹則引吭高歌，樂融融，這裡是家庭共同度過愉快時光的地方。

　　歌德誕生的房門位於第三層樓，裡面還可以看到一份當年刊登歌德出生喜訊的報紙；接著踏入歌德老先生的小圖書館，讓人

驚嘆的是他竟然收藏了二千本書之多，難怪日後長大的小歌德這麼博學多才了。第四層是詩人的房間，房裡有櫃檯型的書桌，一切沒有精雕細鏤的，看到只有樸實堅牢構造木質傢俱，然而浮在腦海中的是那曾經筆耕不輟的身影，令人難忘。

　　歌德故居之一瞥，我從中探索中不少詩人歌德的成長環境和生活軌跡，也領略18世紀富裕人家的生活方式與風俗習慣。

法蘭克福的聖誕市集

法蘭克福的聖誕市集

　　天變得那麼陰霾起來。說是為了躲開了烏雲佈下的網，太陽便度假去了。

　　黑夜總是來得早卻遲遲不願走，徹夜下個不停的冬雨，更摧枯拉朽地把大地的溫度遽然下降，漫長的寒冬總讓人不堪寂寞，此時此刻，逛聖誕市集成為一件大樂事。

　　進入聖誕月份，在德國各大城小鎮的聖誕市集裡開始隨著節氣而熱鬧起來，歷史悠久的法蘭克福聖誕夜市也是全國四大市集之一，超過250個攤位分佈於羅馬廣場、保羅廣場和碼頭廣場。我家離法蘭克福城不過70公里，去逛聖誕夜市集成為我的最愛。正巧有朋自遠方來，我們就相約到法蘭克福吃飯，再到聖誕夜市集去逛。

　　我們把車停在靠近購物中心的停車場，然後步行到鬧區去。隨著人潮走去，發現那五花八門的裝飾聖誕樹的手工藝品、家居裝飾品和玩具、蠟燭和陶瓷器，讓人眼花撩亂，也讓人愛不釋手。

Germany

杏仁小糕點

　　最引人注目的是佇立在市政廳前30米高的聖誕樹，裝了5000個燈泡、150個金色的鈴鐺和紅色絲帶。除了聖誕樹外，最熱鬧的要算旋轉木馬遊樂場！在聖誕節氣中，當然少不了孩子們的歡笑聲！

　　聖誕市集歷史可追溯至1393年，當時在羅馬廣場（Roemerberg）有聖誕劇表演，劇情內容主要是敘述宗教和歷史故事，現在人們看到的，不再是聖誕劇表演了，代之的是音樂演奏或合唱團的助興演唱。

　　遠遠看去，圍繞著聖羅教堂的一攤攤的木屋，宛如一個童話中巧克力做的小木屋村。

　　聖誕市集的美食永遠是吸引人的。糖果和美食小攤子早在午後擺置得端莊炫麗，尤其那搶眼的心形大薑餅、軟糖、堅果、巧克力正等候著顧客的青睞，還有空氣中飄盪著那熟悉的甜薑餅氣味，這足夠讓人按圖索驥找到淘寶的方向了。

往往到了下午四、五點，天就黑了，街景即時也浮現一片燈火通明，掀起一陣人潮熱浪。在小木屋的光影效應下，焦糖杏仁（gebrannte Nuesse）、健胃麵包（Magen-brot）和巧克力奶脂餅（Schokokuesse）再次展示它的魅力：顧名思義，焦糖杏仁香脆可口；健胃麵包加了茴香肉桂，除了調味外還有暖胃作用；還有十來種不同口味的巧克力奶脂餅……，叫人看了就食指大動。

然而，最傳統的法蘭克福美食要算法蘭克福杏仁餅（Frankfurter Brenten）和Bethmaennchen了。在十八、十九世紀的時候，法蘭克福人就會用玫瑰露加杏仁做成餅乾，據說德國大詩聖歌德最愛吃的就是法蘭克福杏仁餅了，由於製造過程繁瑣，詩人Eduard Moerike曾作下一首詩，很風趣地描繪製餅的辛勞，給杏仁餅的頌詩雖然留傳至今，但是現代人再不用這樣做法了。

至於Bethmaennchen糕點呢，是一家姓Bethmann的創作的，是用杏仁糖餡和麵粉做成的小糕點，若果仔細看，會發現小糕點四周還有三顆杏仁裝飾呢！難得到此一遊，我們當然順便買一袋法蘭克福特色的餅乾和餡餅送給親友！

走累了，我們喝一杯熱紅酒（Gluehwein）取暖，朋友說，這個加了玉桂、八角、小茴香、檸檬皮四種香料的熱紅酒，怎麼喝起來跟烏梅酒一樣嘛！

看來這位朋友在想家了！

法蘭克福七香綠汁

　　初到德國，總覺得在吃方面德國人特別節約簡單。德國的主婦的每一天，往往只忙著張羅一餐熱食，然後把廚房洗刷得乾乾淨淨，不沾半點油煙味。一天中最豐富的一餐應該是午餐，午餐分別有湯和沙拉、主菜和餐後甜點，至於早晚兩餐，麵包塗塗黃油、果醬便可以打發掉。

　　我很多時候被德國朋友盛情邀請吃晚餐，往往被餐盤的精緻的裝飾所吸引，卻並沒有真正享受到德國菜的精髓，不是醬汁偏鹹就是沙拉太酸，回到家還要下碗麵填飽肚子。

　　直到一次吃到了馬鈴薯配法蘭克福七香綠汁，我便有了大大的改觀。

　　記得那次是和一群朋友去一家德國餐館吃飯，大家都點了菜，只有我還猶豫不決要點什麼菜。因為大家一直看著我，立刻覺得不好意思起來，我連忙解釋：「德國豬蹄太油膩，牛排又怕太大塊肉，吃不完太浪費，所以不知選擇什麼菜。」

　　「誰不知妳『楚腰纖細掌中輕』，呵呵，儘管點吧，吃不完由我來包辦！」大個子的阿森笑著說。他話一出，引起大家莞爾一笑，於是餐館老闆開始給我介紹一些黑森州的名菜，但是並沒幫上忙。忽然發現一道叫綠汁拌烤馬鈴薯的菜餚，因為喜歡綠汁這個菜名，我便點了它。

　　「噢！綠汁是我家鄉菜呢！我媽媽每兩周必做這道菜。綠汁又叫法蘭克福七香綠汁，既好吃又健康的一道的菜。」來自法蘭克福的蘇姍娜說。

　　菜終於在我期待中端上桌了，熱騰騰的烤馬鈴薯中間切開了，澆上嫩綠色的蘸汁，看樣子比吃咱們熟悉的甜番薯來得精緻，馬鈴薯本沒啥味道，沾了綠汁吃卻變得很美味，我把盤子上所有遺下的綠蘸汁都吃得乾乾淨淨。

　　哇！營養、口感和飽足感都兼顧到了，據說每家餐館裡都有

綠汁拌烤馬鈴薯和沙拉

綠汁拌烤馬鈴薯、沙拉和豬扒

他們獨一無二的蘸汁，黑森州人在吃方面果真很講究。我從此不但愛上德國菜了，還想學做德國菜。第一道德國菜當然是學做法蘭克福七香綠汁，要調出味美的七香綠汁果當然要拜師學藝，我把我學藝的願望告訴蘇姍娜。

　　她說，法蘭克福七香綠汁其實並不難做，只要買到材料便可動手做。在超市可買到用白紙包好的新鮮的七種香菜，在冷凍櫃也有配好的七香綠汁醬料，之後，我一有空閒，或者她有鄉愁的時候，我們便一起做七香綠汁。

　　學會了做七香綠汁，慢慢也學會了變通，除了配搭馬鈴薯的食法，還可以配搭煎豬扒、雞扒、魚扒或牛扒各式的大餐，之後，我的七香綠汁堂堂正正地登上筵席。

　　據說七香綠汁有數百年的歷史，相傳最早是17世紀從法國遷徙流離的胡戈諾教徒傳入德意志，黑森州人就當地實材而泡製，以法蘭克福地區最為經典。在黑森州，人人愛吃七香綠汁，每年的5月初，在法城市中心的羅斯市場都會舉辦綠汁節，並有廚藝大賽，熱鬧非常。有關七香綠汁傳說很多，相傳大文豪歌德酷愛吃七香綠汁，所以每當春天來臨，市集上包香菜的白紙上總愛印上歌德最愛的七香原汁原味食譜。作為法蘭克福市歌德博物圖

Germany

書館館長的杜麗絲霍伯Doris Hopp女士是資深的歌德生平研究學者，對這傳說深信不疑，認為詩人歌德生於斯長於斯，當然喜愛這道「七香綠汁配馬鈴薯牛肉」的菜，不由你不信，這可追溯到歌德的母親的食譜，她曾經記下各式各樣的綠汁作法。

但有好事者卻說，自1850年才有七香綠汁，歌德和他母親那個年代還沒這種吃法，七香綠汁怎能是歌德愛吃的菜呢？

無庸置疑，這道營養夠、口感好又有飽足感的綠汁馬鈴薯，正適合現代人崇尚健康的飲食之道。來到法蘭克福作客，一定不能錯過當地原汁原味的傳統菜喔！這裡介紹尚簡易的七香綠汁作法給你在家試做：

🌿 **材料**

馬鈴薯　8顆

七種香菜　1包

優酪（Joghurt）　3大匙

凝乳（Quark）　3大匙

乳油（Schmand）　3大匙

少許鹽、糖、胡椒粉和檸檬汁

🌿 **做法（30分鐘）**

1. 先把由琉璃苣（Borretsch）、雪維菜（Kerbel）、水芹苗（Kresse）、皺葉歐芹（Petersilie）、茴芹（Pimpinelle）、酸模（Sauerampfer）和小香蔥（Schnittlauch）等七種香草洗乾淨然後切碎（或放入果汁機中，加1大匙水打至細碎），與優酪、凝

乳、乳油攪拌，用少許鹽、糖、胡椒粉和檸檬汁調
味，做好的綠色醬料置放於冰箱中備用。

2.馬鈴薯洗乾淨後連皮放入水煮熟，端上盤子破開澆上
綠色醬料即成。

春風啊，為何喚醒我？——側寫威茲拉小城

　　威茲拉小城位於德國黑森州中部，距大學城基森15公里，和離法朗克福市70公里。自1990年起被列為德國「木架房屋之路」（Deutsche Fachwerkstrasse）旅遊熱點之一。威茲拉是昔日帝國轄市、通往四方的交通要塞和帝國最高法院的所在地，是一座近千年歷史的文化城。隨著「帝國轄市」（1180-1803）的結束，「帝國最高法院」已經走入歷史，然而，流傳下的名人逸事很多，其中包括了德國大文豪歌德1772年夏天曾在「帝國最高法院」登記做實習生的故事。今日的威茲拉小城，以百餘年來的精巧的技術在光學工業中大放異彩，一年一度的「黑森州日」於2012年在威茲拉小城舉辦，迎來了一百二十萬遊客，成為黑森州嶄新的旅遊點。

夏綠蒂故居

　　記不起曾經多少次徜徉於夏綠蒂的舊居小屋，多少次聆聽她那段動人的愛情故事，我仍有忍不住串門子的衝動，用歌德的話來說是「去發現隱蔽在幽靜山谷裡的珍寶」。

　　自13世紀威茲拉市是一個受皇帝直轄的城市，當時的威茲拉市和法朗克福市享有特區的自主權。西元1693-1806年帝國最高法院由施佩耶爾城（Speyer）遷址來威茲拉市。帝國最高法院主要是處理全國最棘手的案子，也是一個造就傑出律科人士的地方。1772年5月，歌德奉父之命來帝國最高法院做實習生，然而，出身於富裕之家，剛從法學院畢業不久年輕的歌德，卻志於創作，醉心於詩畫，對於通過從事法學或應試走上官道仕途等門竅，顯得並不熱衷；他到了威茲拉後一個月後，在他的姑婆熱心安排下，參加了一個年輕人的舞會。由於舞會在偏僻郊野外的一間別墅舉辦，路途頗遙遠，當晚他雇了一輛馬車，帶著舞伴順道

歌德第一次見到夏綠蒂之情景（出自威茲菈德城市的畫家 Ferdinand Raab（1821-1877），年代：十九世紀下彩繪）

去接夏綠蒂一起赴會。

　　夏綠蒂的舊居是一個大宅院，是她出生和成長的地方。1863年闢為紀念博物館。屋前有很寬闊的庭院，四周圍繞著一道厚厚的灰石圍牆，院裡有幾棵茂盛的百年栗樹。這是歌德第一次見到夏綠蒂的地方，也是歌德成名作《少年維特的煩惱》故事主人翁維特邂逅夏綠蒂的美麗莊園。

　　真實生活中的夏綠蒂，是一位在威茲拉德意志騎士團農作物倉庫當管理官的女兒，麗質天生，17歲那年已和29歲的帝國最高法院任職的律師克斯特納定了親。她19歲遇見多情的詩人時，正

Germany

值花樣年華，在歌德筆下的她是喜歡閱讀有思想的女孩，她不僅照料幼年弟妹無微不至、她也關懷別人，特別對生病的鄉親處處表現著愛心。

小說中的維特對夏綠蒂是一見鍾情，並且隨著時光愈陷愈深。夏綠蒂對維特的愛，是一種年齡相仿氣味相投的情誼，可是基於禮教一直被壓抑著。一段純真的戀情就因維特的絕望而導致一場悲劇，維特自殺了，和歌德在真實生活中的學長卡爾·耶路撒冷（1747-1772）一樣的命運。而耶路撒冷，一個戀上他上司夫人的平民階級律師，註定被貴族社會所唾棄……

原來維特對夏綠蒂的戀情是投射歌德本人，維特之死是指憤世嫉俗的耶路撒冷之死。1774年《少年維特的煩惱》出版之後，歌德名聲大振。畢竟，夏綠蒂還是和自己的未婚夫克斯特納結婚了，婚後雙雙回到克斯特納的老家漢諾威去，他們過著幸福的生活。

而維特自殺前去見夏綠蒂時，對她感嘆的詩到如今仍為人們所喜愛：

> 春風啊，為何喚醒我？
> 你輕輕愛撫著我對我說
> 要以天上的甘露滋潤我
> 可是我凋零時刻已到……
> 暴風雨即將刮落我一身葉片
> 明天的旅人
> 他曾目睹我青春歲月
> 他用眼睛在原野上四處尋找
> 卻不會看見我的蹤影。

（取自歌德的《少年維特的煩惱》）

Germany

老城、石橋、大教堂

漫步於古城，威茲拉的大街小巷，彷彿走不完似的，它細膩的生命脈絡，更是耐人尋味。

從囂鬧的「卡爾‧克爾納環」走到一條叫「長巷」的老街，只見小店密集，有麵包店、咖啡店、服裝店、還有幾間百歲的老屋悠然地坐落其中，發散出濃濃的滄桑感，便知道離威茲拉的老城不遠了。

三百多米的長巷盡頭，是怡人的小橋流水景色。藍天、白雲、石橋、流水、綠樹、融為一體譜成一首動聽樂章。建於13世紀的石橋是通往老城之路，從104米長的石橋上俯瞰橋下美景，只見蘭恩河畔一片美麗花圃，河水潺潺，嬉戲水鴨幾隻輕點於上，小鎮風光收盡於眼底。

座落於山丘高高在上的棕紅色大教堂，最早是一個小教堂（Salvatorkirche），到了1230年才改建成今日的風貌，大教堂建築風格也因不同時代建築潮流而異，例如羅曼尼克風格的老教堂大門，這裡的老教堂類似所謂「樓中樓」的「教堂中的教堂」，而鐘塔、朝北和朝西的牆面建築顯然是哥德式的。又因在改建期間有多次因缺錢而停頓施工，導致大教堂建築圖朝西的大門部分，至今還沒有完成。

大教堂是威茲拉的標誌，也是和平博愛的象徵。打從17世紀以來，基督教和天主教在這裡共用一個聖壇，教徒們分別於不同的時間，各自供奉和舉行宗教儀式，各不干擾，這種和諧相處充分表現了威茲拉市民的包容胸懷。

木架屋

　　漫步在老城灰色的石頭路上，總被不遠處的一棟棟木架屋所吸引，顧名思義，木架屋是以木樑架成有格形圖案屋面的房子，而百年前的老牆是用古代的黏土、乾禾草和粹石混凝土造成。牆上木條支架通常露顯於外，呈現出各種不同幾何線條，由於不同的造屋架構，讓建造出來的木架屋有不同的外形，為保持木架屋的持久耐用良好狀況，露出的木條皆被漆上了鮮明的保護油漆。無論是灰藍或棕紅或深褐色的，鑲嵌著色彩各異格子線條的木架屋總是引人注目。細看之下，同一條街上竟然找不出完全相同的風格。

　　在Brodschirm街上，有一幢建於1356年的老屋，看起來就像火柴盒童話屋是城內最古老的木架屋，看起來就像火柴盒童話屋，被列為威城珍貴文化遺產。再往前走幾步，是昔日的傳統魚市，向後右轉幾十步路之距，是穀類市場和生鐵市場。昔日的熱鬧市街上，曾經人群雜遝、小販叫呦、車馬揚塵，氾濫著魚腥味、禾草乾和汗臭味，今日卻變成一條靜謐素雅、收斂的小巷，栽滿了鬱金香、繡球花與紫丁香，還有薰衣草的淡香隱隱撲鼻而來。

　　來到穀類市場，遠遠看到一幢大屋門前上，高掛著法蘭西一世的彩色塑像，原來，這幢大屋是1767年所建歌劇院、舞廳兼餐廳的社交場所，是昔日上流社會人士經常出沒的地方。大塑像是紀念法蘭西一世，他是奧地利女王瑪麗亞‧特蕾西亞的皇夫，1747至1765期間帝國城威茲拉屬於他管轄範圍。1772年夏天歌德就在隔壁的大屋住了五個月。

　　佇立小巷一隅，只見陽光一片灑落在木架屋門前的盆栽上，影照著彩色繽紛的街景，宛如走入印象派的水彩畫裡。對面樓上

Germany

老城街景

窗口傳出孩子們陣陣的笑聲，一陣烤蛋糕香入鼻，原來這不是傳說中的桃花源，而是威茲拉隨手拈來的真實小區圖景。

一個光學重鎮

都說威茲拉是光學重鎮，這兒不僅是響當當Leica照相機和顯微鏡名牌光學產品的發源地，還有陳年老舖深具口碑的Hensoldt望遠鏡、Oculus內窺鏡、Minox微型像機。Satis-Loh鏡片打磨機和無數名不經傳的光學儀器工業。

威茲拉市民都相信「沒有卡爾·克勒訥（Carl Kellner）就沒有今天的徠卡（Leica）光學」這句話。市政府為了向每天行走

的市民述說著名的「克勒訥光學目鏡」歷史，於是把城中心的主要道路取名為「卡爾‧克勒訥環」。有人打趣說，到威茲拉要認得「卡爾‧克勒訥環」這一條街，否則就到不了「萊茨廣場」啦。

追溯光學原鄉的淵源，原來數學家卡爾‧克勒訥於1849年成立了一所光學車間，二十年後，這個車間由著名企業家恩斯特‧萊茨（Ernst Leitz, 1843-1920）接收過來並發揚光大。說到享譽全世界的徠卡相機，不能不提起當中另有一位傳奇人物，那是改變照相機發展的奧斯卡‧巴納克（Oskar Barnack），他利用一個小暗盒，使用24×36mm規格的膠片、42mm的鏡頭、1/40秒的快門速度的測光機，成功地創造出第一部135（35mm）小型照相機，由於小相機非常輕巧，而且拍出來的相片效果非常好，到了1924年萊茨光學公司便開始量產起來，成為大家今日熟悉的「原型徠卡」（Ur-Leica）。

幾乎同一個時候，突起了一家生產高品質光學器材的亨索爾特Hensoldt，與萊茨光學公司分庭抗禮。自此，這兩家世界知名的品牌商，奠定了德國精密光學工業的基礎。

小城的節慶

「嘉年華狂歡會」是一年中最早的威茲拉全民共歡日，人們除了喜歡在狂歡會唱歌喝酒外，還有舉辦嘉年華花車隊伍遊行，熱鬧非常。到了夏天，招攬訪客的名堂更多了，例如：在7月的「公牛節」（Ochsenfest）和「仲夏夜酒會」的節慶，四周城鎮的居民都趕來醉一醉或樂一樂。入秋的「橋節」的更有歌唱、樂隊表演，還有很多運動項目或比賽，人人都可以參加的。到了10月可以逛逛「加魯斯市場節」，從火車站街到老城區共有150個

攤位，各種各類的小貨品，吃的用的，讓人目不暇接。最後是入冬後的「聖誕市場」，人們可以忘記一年中的辛勞，與親友一起到聖誕市場享受溫馨的時光。

2012年是一個特別的一年，6月1日至10日，威茲拉小城迎來為期十天的輝煌「黑森州日」，推出一千個文藝、運動和娛樂節目，主要是展示威茲拉小城穎新的「文化的—生動的—彩色繽紛的」面貌，讓人感受著它創新與懷古兼顧的人文風貌。

值得欣慰的是，2012年「黑森州日」，除了迎來了一百二十萬遊客外，留下給威茲拉市民，特別是一些運動和文藝團體，有一個永遠的溫馨歡悅回憶。每次人們閒談「黑森州日」時，總會想到剛修建的火車站和公車站，這是「黑森州日」給威茲拉市民最好的禮物，也是一道獨特的風景。

文風鼎盛的威瑪城市

德國狂飆突進運動靈魂人物：歌德與席勒

　　威瑪是德意志文化人最響往的文化之都，依山傍水，風景
優美。

　　一提起威瑪，兩個動人的畫面浮現在我的腦海中，一是德國
大文豪歌德居住過六年的白色小房子，它好比陶淵明世外桃源，
采菊東籬下，落英繽紛，怡然自樂，詩人的風雅不曾被時間沖淡
過。另一個是在威瑪戲劇廣場上紀念文學巨師歌德和席勒的雕
像，凝視詩人的神采煥發和目光如炬，一手持桂冠，一手緊握詩
卷，彷彿目睹了他們並肩攜手推動狂飆突進文學運動的盛狀，總
讓人一次又一次穿越時空，陷入威瑪人文之旅不能自拔。

人文的經營

　　從歷史和人文的角度來看，從18世紀中葉開始威瑪公國已進
入一個朝氣蓬勃的時代。1775年，以《少年維特的煩惱》一舉成

Germany

威瑪市政廳和水神噴泉

名的詩人歌德應18歲的年輕公爵卡爾·奧古斯特之邀，來到威瑪出任樞密顧問一職，促使威瑪古典主義萌芽和持續了50年之久，成為德國思想史上最燦爛奪目的人文中心。

1776年威瑪迎來了德國啟蒙運動最有名的理論家赫爾德（1744-1803）。他是哲學家康得的學生，既承繼了神學家哈曼的藝術氣質和宗教情懷，又崇尚盧梭的回歸大自然和莎士比亞等人的作品，著述豐富，涉獵廣泛，在哲學思想上，他影響了黑格爾的辯證哲學，在美學方面，對歌德、士來馬赫和尼采也深具影響力。

1765年赫爾德在教堂佈道，兼寫了《論德國現代文學片斷》，1776年到威瑪擔任教會總監、首席牧師等神職，負責管理威瑪公國的教會和學校教育。1778年出版收集的《民歌》，1783年開始寫《關於人類歷史哲學的思想》，直到1791年完稿共達七年之久，隨後又寫用了四年的時間著作《關於促進人性的通信》（1793-1797）。

歌德以26歲已平步青雲登上仕途，32歲的赫爾德到威瑪擔任教會總監、首席牧師等神職，負責管理威瑪公國的教會和學校教育。詩人和劇作家席勒也得他的摯友歌德之助而於1799年遷居威瑪，並在這裡寫了劇本《威廉‧退爾》，歌德與席勒同屬德國的狂飆突進文學運動代表人物，攜手締造了威瑪公國文化的黃金時代。威瑪君主奧古斯特重用文人，不遺餘力提攜才俊，不失為明智之舉和文明之風。

　　提起思想開明的年輕公爵奧古斯特，讓人連想到他的母親安娜‧阿瑪利亞，一位多才多藝酷愛文學、繪畫與藝術的王后。根據史書上的記載，她未滿17歲便下嫁比她大兩歲的準公爵恩斯特‧奧古斯，次年，恩斯特上任為公爵，在農業上，他提倡種植馬鈴薯，改善人民的收入和生活。也在這年，他們的大兒子的卡爾‧奧古斯出生了。沒想到體弱多病的恩斯特公爵過了一年後即撒手人寰，她19歲便成了寡婦，此時她剛懷了第二孩子，在這困難的時候，她堅強地負起執政與撫養幼兒的責任。她很注重她王兒卡爾‧奧古斯特的教育，曾經於1772年重聘小說家兼莎士比亞著作翻譯家維蘭德（1733-1813）擔任公爵的文學教師，當時，維蘭德在愛爾福特大學擔任哲學教授，寫出了德語文學史上第一部長篇啟蒙教育小說《金鏡》，不但聲名鵲起，還得到安娜‧阿瑪利亞和王族的青睞，維蘭德從此便高就於宮廷。所以在許多人的眼裡，當年歌德汲汲營營來到威瑪當官，必定先得到她默許，文人當政才能水到渠成。

　　歌德在威瑪度過57個春秋，他曾經致力於政務，興修水利、開發礦山、建造劇院、整頓軍備，鞠躬盡瘁實現從政的夢想，也曾轟轟烈烈地戀愛，寫了無數詩篇，夏綠蒂‧史坦茵夫人（Charlotte von Stein，1742-1827）寫了1600封情書，並且他膾炙人口的文學作品甚收歡迎，例如詩集《西東合集》，《威廉‧

Germany

邁斯特的漫遊年代》，自傳性的著作《詩與真》以及巨著《浮士德》為這溫馨小城留下眾多文化記憶，為後世打開了威瑪古典時代的視野。

讓名人來帶路

漫步於威瑪城市，人們喜歡探訪名人舊居，追尋德意志文化大師維蘭德、赫爾德、歌德和席勒當年的翩然身影。

著名的安娜・阿瑪利亞圖書館也吸引世界各地人士參觀，這座圖書館原是威廉恩斯特公爵（Wilhelm Ernst）1691年建立的，是在一座最早對外公開的圖書館，原址在公爵宮廷中，最初僅有1,400本書，到了1766年才遷移到位於威瑪民主廣場的東側的「綠宮」，在這文明聖殿中，歌德曾以圖書館館長身分在此管理達35年之久。

象徵著威瑪的文風鼎盛的圖書館，擁有一個華麗的洛可哥式大廳，被譽為最美的藏書之地，與威瑪的其他德意志古典主義處所一併屬於聯合國教科文組織的世界文化遺產。圖書館最大的特色是珍藏了1000冊莎士比亞全集以及和馬丁路德相關的16世紀聖經，並且收藏了大量德國自1800年以來的文學和歷史文獻，根據統計，其中包括了100萬本圖書、2000本中世紀和現代早期的手稿、600本祖傳登記薄、10000份地圖和4000份樂譜；在樂譜中，人們可找到李斯特曾經印刷的樂譜和書籍。可惜2004年圖書館遭火災，不僅五萬本書籍被燒毀，洛可哥式大廳也遭殃，這消息傳出後，世人均感到十分震撼，不久便得各方人士的捐助而得重建。

聖彼得和聖保羅城市教堂（Stadtkirche St. Peter und Paul）位於赫爾德廣場，是這個城市不可忽略的景點。赫爾德在此工作了27年，這裡的居民稱之為赫爾德教堂，它吸引遊客之處，不僅在於哥

德式建築風格，還有教堂保存的祭壇畫，它出自德國中世紀最著名的畫家卡安納Lucas Cranach之手，這是一件罕有的精品，值得觀賞。此外，對威瑪居民來說，赫爾德教堂更有特別的意義，因為基督教新教創始人馬丁路德曾於1518-1540年間多次在此佈道。教堂和赫爾德屋同屬於「古典威瑪」之寶，被列為世界文化遺產。

　　威瑪自18世紀以來群星燦爛，堪稱德國的精神首都，除了上述文學家外，音樂家巴哈、鋼琴大師李斯特、哲學家尼采等前後來到威瑪。

　　巴哈在威瑪期間創作了許多管風琴曲，《管風琴小曲集》是寫給年輕的管風琴樂手練習演奏，而傳誦於世的經典作品應該是〈D小調觸技與賦格〉。李斯特於19世紀來到威瑪擔任宮庭樂長，之前他的音樂創作早已達到巔峰，在威瑪期間他創作了但丁交響曲與浮士德交響曲，並創立威瑪音樂學院。

　　和威瑪音樂學院同具有盛名的還有威瑪美術學院。德國知名印象派畫家利貝曼曾就讀於此校。

　　到了20世紀，建築藝術家格羅皮烏斯，把這威瑪美術學院與實用美術學校合併為公立包浩斯學校。在包浩斯博物館（Bauhaus Museum）可以看到早期包豪斯風格的大量作品和很多現代工業設計的模型，一個頗有趣味的博物館。

　　初來乍到的遊人，對一切都感興趣，在威瑪市老城中，可以盡情享受一個人的旅行。喜歡到公園巡禮的，會發現音樂奇才李斯特的故居就離公園入口處附近；穿過參天大樹來到綠茵的草地，漫遊者可以遠眺歌德的花園屋，欣賞一片如詩如畫的田園風光。歌德一直是熱衷於園藝和景觀設計，公園裡的草砰林木景觀均是當年歌德的精心設計，至今公園還保持原有英國園林風格。

　　在威瑪市老城中，所謂三步遇名人舊居，五步見殿宇樓閣。喜歡探究威瑪王室宮廷的遊客，可以參觀威瑪最美麗的宮邸。話

說1774年威瑪王宮遭火災摧毀，歌德初臨威瑪時就參與修復王宮的方案。他引進希臘羅馬古典建築藝術風格，從義大利請來的藝術家畫家和工匠，把古典美學和宮廷建築結合在一起，經過14年的修復與改建，公爵與家人才能搬回王室宮廷居住，今日的威瑪王宮已成一座美術館，兩間華麗的房間用來紀念歌德和席勒，除了雕像外，還有牆上的壁畫，細膩地描繪著兩位大詩人膾炙人口的作品，充滿了藝術氣氛。

　　如果您跟著導遊天馬行空在老城走，聆聽導遊講解城市的歷史，走遍附近眾多的名人舊居，半天下來，不免產生眼花繚亂之感。建議您回到在市場廣場隨意轉一圈，如果遇上有傳統市集，大夥兒便可放慢腳步，觀賞觀賞那些花、菜、果攤子，相信自有另一番情趣。

威瑪王宮外貌

第二篇　尋找歌德蹤跡

71

巴鴻姆堡——溫泉之鄉

　　山明水秀的巴鴻姆堡（Bad Homburg）離開金融商業大都會法蘭克福不過二十公里，每年招攬了無數觀光和療養客。尤其遇上長週末或假日時，一般厭倦了都市喧嘩的市民紛至遝來，或來療養公園漫步郊野踏青，或來侯爵宮殿和古羅馬城堡（Roemerkastell Saalburg）觀賞，在野水明於月，沙鷗開似雲的自然風光中，嘗試捕捉著騷人墨客的感受，在氣勢磅礡的古蹟傾聽前人盛衰榮辱，重溫歷史典故。

　　早在羅馬統治時代，人們就知道用溫泉治療病，高尚的羅馬人講究生活享受，最愛天然溫泉沐浴。巴鴻姆堡城曾經有過九個鹽場，自中世紀以來人們就會從溫泉泉源提煉出鹽來，大多數的鹽場不幸在「三十年戰爭」中被摧毀。今日可見到的有路易維希泉源、帝王泉源和伊莉莎白泉源等。1622年黑森地區大侯爵菲德里在此建國都。1685年被稱為「鴻姆堡王子」的腓特烈二世（1633-1708），建了一座莊麗的巴洛克宮殿，以便遊山玩水享受溫泉沐浴。巴鴻姆堡的溫泉浴到了19世紀更加盛行，連顯貴的皇帝威廉一世也慕名而來，造成空前盛況。

　　巴鴻姆堡早期原是黑森伯爵家族居住的地方，並統治小城共244年之久（1622-1866）。小城的名稱可追溯到在12世紀建造的武士堡「高山」（Hohenberg）的由來，高山是指濤努士山脈（Taunus），後來演變成發音接近的「鴻姆堡」（Homburg），又因它天然的溫泉，人們封之為巴鴻姆堡。

　　巴鴻姆堡給人感覺，它既是傳統又現代化的一個療養都市。它與位於慕尼黑西南部的施塔恩貝格（Starnberg）並駕齊驅，同為德國首富之地。

　　巴鴻姆堡擁有高科技的工業，例如最著名的分析和全德國檢驗礦泉水的Fren-senius公司便設在此城。然而，有個笑話說，小城之財富是來自歷史悠久的賭場（Spielbank），因為每

Germany

天都有多班次的專車接送觀光賭客到此一遊，讓他們先「賭」為快！

豪華而景色優美的鴻姆堡賭場，建於1842年，說它是蒙特卡羅大賭場之母一點不誇張，人們只知道1863年建成的蒙特卡羅大賭場，卻不知道鴻姆堡賭場賭場的創建人Francois和Louis Blanc兄弟後來接管了蒙特卡羅大賭場，使得蒙特卡羅名聞遐邇。

漫步於城中，最吸引遊客的莫過於觀賞老城各式各樣的木格屋，和高聳的尖頂樓塔。老城的街頭巷尾充滿鄉土氣息，精緻的小店和屋咖啡令人難忘。老城外的路易維希大道是購物天堂；還有療養屋（Kurhaus）和療養公園（Kurpark）更是觀光和療養客流連忘返地方。在約四十四公頃大的公園是德國最大的療養公園，園內設有文化紀念碑、網球場、高爾夫球場、威廉皇帝溫泉、賭場和咖啡等，其中伊莉莎白泉源、泰國亭和蘇聯教堂最引人注目。

每次到此一遊，喜愛觀賞古蹟的我，總是喜歡去參觀這裡的白鐘樓、巴洛克宮殿和教堂。白鐘樓建於15世紀，樓身似一大圓筒，除了幾扇漆著橙色的窗戶外，上有齒輪形狀花邊下有一環橙色磚作裝飾，看起來好像是一個小鐘樓疊上了大白鐘樓一般，外型雖樸素無華，卻以高取勝，博得城市標誌的美譽。

年輕的歌德也曾經在此處留下腳印。在白鐘樓前，讓我想起1772那年，他奉父之命要啟程到威茲拉小城的帝國最高法院做實習生，臨別時作下一首〈朝聖者的晨歌〉詩。歌德自喻為朝聖者，表達了自己依依不捨的心情，詩的開場白便引用了霧中白鐘樓的景色，而接下來讓讀者眼前一亮的是，白鐘樓原是他和女友莉拉戀情的見證者，這首詩讓人過目難忘：

> 朝聖者的晨歌──致莉拉
> 晨霧，莉拉呀，

第二篇　尋找歌德蹤跡

頗負盛名的巴鴻姆堡巴洛克宮殿

籠罩了妳的塔樓。
讓我不能再看它一眼，
然而無數幸福的回憶
生動地浮現在我心頭。
它曾這樣聳立著，
目擊了我的歡樂，
當妳羞答答地
與陌生青年初次邂逅，
驀然，使永恆的火焰
燃起在他心頭！

　　追隨歌德的腳步，來到頗負盛名的巴鴻姆堡巴洛克宮殿。
它擁有清風雅雨的宮殿公園、打獵屋、哥德式屋和金碧輝煌伊莉
莎白廂房，而和歌德同年代出生的宮殿主人Friedrich V. Ludwig
Wilhelm Christian（1748-1820）本身更是有擋不住的人格魅力，

Germany

建於15世紀的白鐘樓　　　　豪華的皇帝溫泉

他和歷代鴻姆堡侯爵最大的分別是愛好文學不善於打戰，廣結文藝人士，他與文學家Lavater und Klopstock的書信來往，在德國文學史中留下佳話。

　　事實上，巴鴻姆堡從18世紀亦成為了文化城。德國詩聖歌德、赫爾德林（Hölderlin）和法國詩人拉瓦特爾（Lavater）先後到此造訪。

　　出生於內卡河畔的勞芬的赫爾德林是一位傳奇性的詩人，他的一生，正如他在詩中的詮釋「生來有愛，也有痛苦」，在踩著傷感的愛情步伐前進中，「充滿勞績」，人卻詩意地棲居在這片大地上。

　　他雖然1793年畢業於神學院，由於嚮往希臘古典主義和潛心研究的希臘神話，加上希臘諸神論和在信仰上的基督教教條不相符合的原因，他放棄了當牧師的職務，而專注於寫作和教學工作。

　　在他豐富的作品中，不難發現赫爾德林深受法國大革命精

神的影響，他歌頌自由、人類、和諧、友誼和大自然。他的詩曾被稱為「人類理想的頌歌」，文字簡潔自然，詩中的比喻引人深思。1793年認識席勒，他著名作品如《許珀里翁》Hyperion的上半部，曾發表在席勒的刊物《新塔莉亞》上。

1796年，赫爾德林初到法蘭克福當家庭老師，不料日久生情，愛上女主人蘇賽特‧貢塔爾德。1798年和主人發生口角，被迫離職。

同年9月他來到鴻姆堡城，在此完成《許珀里翁》（Hyperion）的下半部，此書得到鴻姆堡公主（Auguste von Homburg）的青睞，他還得到公主的邀請參加她的生日宴會。

《許珀里翁》是赫爾德林的成名之作，書中敘述一個叫許珀里翁的希臘青年，他的祖國希臘正遭受土耳其統治之下，他認為祖國被侵略的是一件恥辱的事。他常回憶起古代雅典的光榮，渴望與大自然融合，這種出世的生活態被鄉人認為不切實際。他認識了狄奧提馬（她既是書女主角也是他法蘭克福戀人蘇賽特‧貢塔爾德的化身），得到她的鼓舞恢復了自信心，並參加1770年抗土耳其的戰爭。然而，在戰爭中看到太多殘忍的行為，加上後來狄奧提馬不幸死去，使他陷入了痛苦的深淵。直到有一次在悼念她時，悲傷的他忽然聽到她的聲音，使他重新找回自己。

赫爾德林有過兩次客居鴻姆堡城之緣，第一次是1798-1800年間，除了在此完成《許珀里翁》外，曾經試辦文學刊物《伊杜娜》，（伊杜娜是日爾曼神話中的青春女神），創作悲劇《恩沛多克勒斯之死》，並翻譯了希臘大作家索福克勒斯的《安提戈涅》和《俄底浦斯》。

他第二次來到是1804年，友人辛克萊為了幫助他，讓他在侯爵的圖書館內工作，還不惜自掏腰包貼上年薪給他。

可是好景不常1806那年，辛克萊因為受到祕密政務議員的誹

Germany

謗，被指控有陰謀造反。辛克萊被捕，赫爾德林也被牽累，曾經被抓去審問，直到真相大白辛克萊無罪釋放後，發現脆弱的赫爾德林已經精神失常，必須把他送到圖賓根精神病院醫治。後來寄住在木工齊默爾的家裡，直至1843年6月7日逝世，他的精神狀況沒有轉好。詩人施瓦普、烏蘭德和凱爾納於1826年出版了他的詩集。

巴鴻姆堡城為了紀念詩人，於每年6月7日頒發一項赫爾德林文學獎，為溫泉之鄉添上文化氣息！

博物館和名人舊居皆是巴鴻姆堡瑰麗景觀。如果到巴鴻姆堡城一遊，總喜歡到Loewengasse 15號的辛克萊舊居和Dorotheen-Strasse 34號的赫爾德林舊居，溜達溜達，哼哼赫爾德林的詩句和細細推敲詩人的漂泊：

> 好比滿載而歸的船夫，
> 快樂地從遙遠的島返回恬靜的河邊；
> 我會回到故鄉的，
> 假如我收穫的多如我所失落的。
> ……

（出自赫爾德林〈故鄉〉）

仰望壯觀的建築物成為到此一遊的習慣。而在教堂前，任何人都感到自己的微小。我順道來到救世主教堂（Ev. Erloeserkirche）前，它的非凡氣派與富麗堂皇，果然給我一種感到自己的微小的感覺。

教堂的建築風格是精雕細琢新羅馬式，步入教堂大堂內，可以受到一種既莊嚴又神祕的氣氛，還有牆壁和拱頂以彩石拼圖和金沙裝飾，不斷發出柔和的金光，處身於其中，內心感到無限安

寧。據說，在此舉行的風琴音樂會經常達到最好音響效果，故深獲喜愛。

啊！這個小城！總讓人舒適地度過一天。

救世主教堂

第三篇
城堡之路

城堡之路（Burgenstrasse）是德國一條跨國的旅行路線，從曼海姆（Mannheim）到布拉格（Prag），全長約1000公里，由西向東，沿途大約有70座城堡、城堡遺跡、王宮和宮殿。說到城堡之路，不能不親自體驗一下德國中古世紀城市紐倫堡、羅滕堡、天鵝堡和海德堡等的城堡文化。

流淌著中古世紀色彩的羅滕堡

一條穿越陶伯河谷之路，也正是穿越德國歷史之路。
——文化歷史學者Heinrich Wilhelm von Riehl
（1823-1897）

　　羅滕堡的古樸城門、堅牢的城牆、古色古香的鐘樓、木架屋窗臺上的鮮花，往往讓踏著石子小路前來的旅者驚艷。攀登古老的城牆，沿牆漫步古城一周，飽覽陶伯河畔怡人景色，讚嘆之情更是難掩了。

　　羅滕堡的全名是陶伯河上的羅滕堡（Rothenburg ob der Tauber），位於德國巴伐利亞州西北部法蘭根地區的高原上，俯瞰陶伯河（Tauber），周圍有大片的森林，原始沼澤和大小湖泊。羅滕堡是德國保存中古世紀風貌完整的城鎮，正好也是德國旅遊的城堡大道與羅曼蒂克之路的交匯地，它既承載了中古世紀的神祕色彩，又醞釀了濃厚的浪漫氣息。

　　到羅滕堡尋訪不僅三次了，羅滕堡的中古世紀城市風貌，每次都給我不同歡悅的感覺。每當我在石子路上漫步時，一排排整齊的、熟悉的紅瓦房屋便映入眼簾，那些至今依然沿襲了中世紀斜屋簷、幾何圖形的木架典型構造的木架屋，那些曾經在歷史的長河中經受了多次戰火的洗禮的中世紀城牆、鐘樓、那些未被損壞的歌特式建築和具有文藝復興風格的市政廳，總是向我訴說一段故事，或是一段城市歷史的延續。

　　有關羅滕堡的故事有說不盡的多，唯有1631年市長救城的故事特別動人。

　　話說在歐洲著名的「三十年戰爭」期間，信奉新教派的羅滕堡遭舊教聯盟軍圍攻，由於羅滕堡軍民頑強抵抗，大耗敵軍軍力，以致敵軍統帥Tilly在佔領羅滕堡後，不顧婦孺聲淚俱下苦苦地哀求，揚言要屠城。為了力挽狂瀾，市參事們不惜奉上最好的

酒來討好敵將，酒過三巡，老市長努許Nusch心生一計，冒死和敵將下一賭，只要他能一口氣喝下三點二五升大杯的葡萄酒，便請敵將高抬貴手饒了全城一死。這一賭老市長當真一口喝完，救下全城人的性命。話說Nusch喝完之後，醉了三天才醒來，這一飲不但挽回江山，也證實了「唯有飲者留其名」的說法。

在市集廣場的北邊有一座參事飲酒廳鐘樓（Ratstrinkstube），鐘樓上有個大鐘，兩旁的窗戶每小時會像咕咕鐘一樣打開，右邊窗口出現一位手持大酒杯的老先生，那是歷史上羅滕堡的救城市長Nusch先生。

羅滕堡最早的發源地位於今日的德旺（Detwang）城區的聖彼得教堂，在西元970年由一位名叫萊恩格（Reinger）的東法蘭根貴族建造的。萊恩格得到符茲堡的大教主的恩准可以在附近地區征稅。過了一百年，孔堡伯爵家族（Die Grafen von Comburg）在陶伯河谷三面圍繞的高崗上建立了一個城堡，取名為羅滕堡，這才奠下城市的名字。到了西元1170年，隨著居民的增加，商人開始集居於此，羅滕堡有了市集廣場和雅各教堂，並建造了第一道約1.5公里長的城牆，白鐘樓和馬古斯鐘樓同屬於城內最早建立的第一道護城城門，成為城市寶貴的歷史性建築物。

西元1274年，羅滕堡被皇帝魯道夫封為自由帝國都市，羅滕堡成為了直轄區，這個晉級讓所有的居民都從中獲益，商業及手工業更加速繁華了，跟著擴充第二道2.4公里長的城牆。在西元1350至1410年間，長達3.5公里的第三道城牆又築成了，雖然一些失去防禦意義的舊城牆隨著時間被拆毀，至今據說全城還有42個城門和鐘樓保存著，其中最常著名的如下。

聖彼得教堂

古堡門（Das Burgtor）

Germany

絞刑臺門（Galgentor）

由城門上的大面具淋下滾燙的瀝青，把入侵者燒得變焦黑

1.古堡門（Das Burgtor）

位於陶伯河谷三面圍繞的高崗上，風景幽美，於1360年為了阻止侵略者的侵犯而建。居民可以在白天出入城門，夜間只有特別許可才能通行。內城門上有一個所謂「針孔」的小門，僅可一人鑽入。據說城門上還有一個巨大的面具，守城者在緊急時期通過面具的大嘴，淋下滾燙的瀝青，把入侵者燒得變焦黑。

2.絞刑臺門（Galgentor）

入舊城的城門，因地勢高而有利於防禦之優勢。雖然如此，在三十年戰爭中也擋不住強悍的敵軍的侵略，敵將Tilly（1631）和Turenne（1645）就是由此城門入侵的。

在中世紀流行將受絞刑的罪犯吊於城門示眾，以警戒群眾，由於城門外就設刑場，絞刑臺門之名由此而來。時移俗易，這附近一帶有很多小食店，還有一戶外遊樂園，給小區帶來另一番休閒的氣息。

3.普連萊小廣場（Das Ploenlein）

呈三角形，中心點是一幢清麗幽雅的木架屋，左邊街道看到是錫伯鐘樓，右邊街道則是可波哲拉城門，這裡是羅滕堡最迷人的中古街景，每天被攝入鏡頭次數最多的地方。

Germany

4.熱德門（Das Roedertor）

　　擁有的高塔、雙層外廓的堅固城門和兩旁半橢圓形稅關和檢查關口，在造型上熱德門和古堡門是非常相似。雙層外廓的設置主要加強禦敵功能，使進攻者過了一道又一道，不易得手。現在的雙層外廓看來僅餘下美化建築的功效，讓人觀賞和喜愛。多年前到此一遊，因為喜歡熱德門的外型，所以將全景拍下作紀念，偶而再翻看，斑斑駁駁的舊時光又立即出現於眼前了。又在一次舊地重遊中，遇上每年舉行的城市節日，滿街裝扮成中古世紀的工匠、騎士和樂隊，我一時童心大發猛拍照片，還樂滋滋地在零距離間和他們合照，充分地感受著中世紀的浪漫氣息。熱德門在我旅遊記憶中，別有一番趣味。

5.斯比爾門和斯比爾棱堡（Das Spitaltor/Die Spitalbastei）

　　位於羅騰堡城南的斯比爾棱堡是古城最堅固的堡壘。在主門的拱頂石上還能看到的拉丁文祝福詞「Pax intrantibus, salus exeuntibus」，大意是「出入平安」。棱堡建於16世紀初，設有橢圓形的城牆和七道城門，城牆上有一條2.5公里長的走廊，聯結著這些城門。橢圓形的城牆有一個優勢是，射擊方向多，城門越多，相互掩護也就越好。

　　縱然登城牆逛城門是欣賞小城的最佳線路，然而小城濃鬱的浪漫風情卻在城中心。對於慕名而來的遊客來說，最令人流連的還是鋪滿石板的大街小巷和琳瑯滿目精緻禮品。尤其步入一個凱思沃爾法特（Kaethe Wohlfahrt）聖誕博物館與商店。面對各式各樣的聖誕產品，諸如聖誕樹、聖誕老人、聖誕卡、胡桃夾子、聖

誕塔、冒煙小木偶和可愛的小天使等等聖誕樹裝飾品，彷彿走入夢幻的童話世界般，令人流連忘返。

　　這種漫遊的浪漫感覺雖然不盡是「羅曼蒂克」（Romantik）的原意。要知道「羅曼蒂克」是一種在18世紀末19世紀初的歐洲藝術和思想表現，它包涵了文學、建築、音樂、繪畫等各方面，主要的特色是對過去中世紀事物的眷戀而作的高度評價！在建築上，能充分保持中世紀的城市風貌的城鎮，方可列入德國羅曼蒂克之路。

　　作為德國羅曼蒂克之路及古堡之路交匯點，羅滕堡被譽為「中古世紀之明珠」，確實「實至名歸」。

凱思沃爾法特（Kaethe Wohlfahrt）

城堡是紐倫堡的獨特魅力

莊嚴華麗的聖母教堂

大市集場金碧輝煌的噴泉

　　紐倫堡擁有50萬人口，是巴伐利亞州第二大都市。早在14
世紀這裡曾是歐洲一個重要的商業、手工藝和精密儀器的製造中
心，在文學藝術方面也有蓬勃的發展。著名的「紐倫堡蛋」（鐘
錶）發明家比得亨萊（Peter Henlein）、「北歐藝術宗師」名畫
家杜勒和著名的民眾詩人、工匠歌手漢斯‧薩克斯不僅是這個光
輝時代的見證人，他們響亮的名聲在紐倫堡版圖上深深刻了一道
絢麗的人文風景。

　　在這裡是經典與華麗的相遇，傳統的房屋建築櫛比鱗次，與
大市集場金碧輝煌的噴泉，在熱熾的陽光下撞出絢麗的火花。在
這裡有洋溢著濃厚哥德建築氣息的聖勞倫茨教堂、莊嚴華麗的聖
母教堂和紐倫堡最古老的聖塞巴都教堂，足以讓人細細品味，讓
人讚嘆。

　　紐倫堡城堡位於城市北部沙岩石山之上。遠遠看去，一座圓

登上圓塔（Sinwellturm）塔頂，可以居高臨下欣賞城市的景觀

形的、方形的鐘塔高聳入雲，點綴在陽光下的一片紅褐色屋瓦，閃爍著昔日帝城之光。多年前駕車路經紐倫堡，驚鴻一瞥，環繞著市中心的一道城牆、城堡與鐘塔的壯麗風景在我眼前掠過，於是，那紐倫堡中世紀的城市風貌，像烙印般深烙在我腦海裡。

　　巡迴城市，我喜歡先步行到老城看教堂建築、訪博物館、逛市集、遊名人故居。這回出門旅行，和以往不一樣，一到了紐倫堡，便往皇帝堡直奔去。

　　紐倫堡城堡，德文直稱為皇帝堡（Kaiseburg），中文亦可稱之為「德國故宮」，據說每一位神聖羅馬帝國的皇帝都曾在此宮小住過。它始建於11世紀，到16世紀中已發展至今的規模。城堡規模很大，外有城牆長5公里，有4個主要城門和80個防禦城。內有三組建築群，最早是由11世紀的薩利爾（Salier）家族所建的「爵侯城堡」（Burggrafenburg），到了12世紀霍亨斯陶分家族的皇帝巴巴羅沙（Friedrich I. Barbarossa）加建成為的「皇宮建築群」（Kaiserburg），以及後來15世紀建的附屬城堡建築群（Burganlage）。

Germany

　　尋訪「德國故宮」，是不折不扣的一趟穿越時空之旅。駐足於歷史建築群前，我忽然感覺自己變了那麼卑微起來，在呼風喚雨、威震八方的君主前，能不卑躬屈膝嗎？

　　所謂「皇宮建築群」指宮殿、圓塔（Sinwellturm）、瞭望站（Luginsland）、皇室雙層教堂、五角塔和城堡博物館等。五角塔建於12世紀，巍峨壯觀，圓塔還可以讓人登上塔頂，高居臨下欣賞城市的景觀，賞心悅目，自宮殿有直接通道到皇室雙層教堂，樓上為皇室祈禱室，樓下為葬禮之用，城堡博物館主要介紹了皇帝堡建築歷史以及中世紀兵器歷史的發展演變。

　　當我徘徊於五百多年歷史皇室馬槽前，很驚訝現在竟然已改建為了一間青年旅社。

豐富的人文景觀

　　離城牆不遠處有一座不起眼的小教堂，取名為聖華勒保嘉（Walburga），可是這個名字對很多人都很陌生，不禁引起我的好奇，原來這個名字的後面隱藏了一個極感人的故事。

　　華勒保嘉（710-779）是一位英國修女，生長於一個傳教士家庭裡，她的哥哥們都在德國教堂裡擔任要職，一位是維利巴勒Willibald（700-787），在Eichstätt當主教的和另一位是聖伍尼巴勒Wunibald（701-761）是在Heidenheim修道院任院長。聖女華勒保嘉自幼在英國的修道院受教育，後來跟隨哥哥們的足跡來到德國傳播福音。

　　在761年，哥哥聖伍尼巴勒在Heidenheim逝世了，華勒保嘉便被任命為女修道院院長，並接管了當地的本篤會修道院。當時寺院的模式是男女修道院分開而設的。在那裡她採用了英國的修道院模式改制為男女修道士雙兼的修道院。

杜勒的銅像

杜勒故居

　　中世紀的修道院制度還是非常嚴苛的，高層的領導權都落在男性手裡，而她可以同時管理男女修道院，並在宗教史上寫下新的一頁。

　　杜勒故居就在城堡附近，遊完城堡，可以順道參觀杜勒故居。

　　杜勒（Albrecht Durer，1471-1528），出生在德國紐倫堡（Nuremberg）。名畫〈祈禱的雙手〉、〈亞當和夏娃〉、〈野兔〉、〈Maximilian I皇帝像〉和諸多不同時期的自畫像，都是杜勒膾炙人口的作品。他13歲時就畫出一幅自畫像，在那精緻的筆調中，呈現了他對人體和臉的輪廓的掌握。

　　他被推崇為北歐藝術的宗師，也是第一位到義大利取經的德國畫家，他結合了文藝復興的理念與哥德式的個人主義風格。

Germany

風光綺麗的Pegnitz河岸

他的作品中以版畫最具影響力，尤其是木刻版畫和銅板畫最為出色。

　　這是杜勒於1509年買下的一棟相當美觀的木架屋，一樓是住宅，睡房和廚房都在那裡，最大的房間坐落在二樓。由於它的尺寸和充沛的光線，應屬於杜勒本來的工作坊。現在展示杜勒生前的繪畫工具、材料和其他印刷器材。另在對面的一個房間裡，則陳列杜勒木刻和雕刻。

　　記得2012夏天，我曾經到紐倫堡的日爾曼國家博物館看以杜勒為主題的畫展，只見博物館前排了一條很長的長龍，觀展的人數不勝枚舉，我從排隊買票至入場看畫展竟花了一個多鐘頭，再細細觀展，足足花掉半天的時間。日爾曼國家博物館是德國最大的文化歷史博物館，藏有130萬件珍品，那天我除了看杜勒的特別展外，還可以看十四世紀的藝術展，並且很幸運得到管理員的許可，可以在館內拍照一兩張杜勒的畫作作為紀念。

沿著Pegnitz河漫步，河的兩岸不但風光綺麗，更吸引遊人注目的是通往中央市集和時尚的購物的幾道橋樑。橋上人潮如織，時尚的購物店前、咖啡廳裡，衣香鬢影。站在典雅的橋上，可以欣賞到伸展到河中心的中世紀建的教會醫院，這座懸架在雙拱門的建築物在浮動光影中，構成一幅迷人的風景！

　　跨幾步就到中央市集。我到達市集時已是午後時分，沒見到任何小販攤位，廣場顯得有點空蕩蕩的，如果在冬天12月來到這裡，應該不要錯過遊紐倫堡聖誕市場，它屬於德國最古老、規模最大的聖誕市場，氣氛可真熱鬧。

　　漫步來到市集廣場旁邊的聖母教堂，我深深為它清麗的梯形山牆而吸引，山牆下面是一個大鐘，每天正午便響起音樂，跟著有個小舞臺出現，遊客可以看到有七個紅衣選帝侯就會繞著查理四世雕像轉圈起舞。聖母堂的所在地原是一座猶太會堂，在1349年黑死病爆發期間被摧毀。1352-1362年，卡爾四世興建了這座磚砌哥特式建築。對於聖母教堂的建造還有兩種說法，有人說早在中世紀就有迫害猶太人的事件，1361年卡爾四世為了紀念遭受殺害的猶太人而興建的，另一種說法是，卡爾四世害怕盜賊偷竊自己的珠寶，因此建立了這個教堂作為儲藏室。

　　14世紀的紐倫堡是受皇帝直轄的自由城市，適逢空前繁榮時期，亦是名歌手的大本營，讓人想起華格納的歌劇「紐倫堡的名歌手」（Nurnburg Meistersinger），他不但歌頌紐倫堡城市的美麗，並把德國16世紀著名的民眾詩人、鞋匠歌手漢斯・薩克斯（1494-1576）寫入歌劇中。同時也反映了一個名歌手制度，現在看來很不可思議的，原來，當時工匠如果要升為大師時，除了必須通過技術的考試外，還很要展示個人對詩歌撰寫和演唱的才華。也就是說，在經過師輩的嚴格評鑑之後，工匠們才有資格成為各行各業的師父。

Germany

　　1982年，紐倫堡人在Ludwigsplatz上設置一噴泉，噴泉不僅建造得巨大，藝術性也很高。它是根據漢斯‧薩克斯（Hans Sachs）的一首〈婚姻百態〉詩中所描繪而打造出來的銅像，薩克斯活龍活現地站在高處，噴泉四周有猛獸有暴行，嘲諷著婚姻百態，還有一個刻著詩人的詩句的心形石頭，我突然起了將詩譯出來的念頭，自娛一番，記得前四段是這樣的：

Das bittersüße ehlich Leben　苦樂參半的婚姻歲月

Gott sei gelobet und geehrt　托上帝賜福和榮幸

Der mir ein frumb Weib hat beschert　得到一個勤奮又樸實的女人

Mir der ich zwei und zweinzig Jahr　上帝還賜我二十二年

Gehaust hab, Gott gab länger gar　甚至更長的婚姻

Wiewohl sich in mein ehlig Leben　我的婚姻生活多麼美好呀

Had Süß und Saures oft begeben　經常嘗到酸甜與苦辣

Gar wohl gemischt von Freud und Leid　有時候甚至悲喜交集

Erst auf, dann ab, ohn Unterschied　來去匆匆，總是沒有例外

Sie hat mir nit stets kochet Feigen　她給了我沒煮熟的無花果

Will schwankweis Dir ein Teil anzeigen　想向老天爺表示

Sie ist ein Himmel meiner Seel　她是我靈魂的天空

Sie ist auch oft mein Pein und Hell　對我經常是懲罰和地獄

Sie ist mein Engel auserkoren　她是我明媒正娶的天使

Ist oft mein Fegeteufel woren　經常是我升天前洗罪的魔鬼

Sie ist mein Wünschelrut und Segen　她是我的探礦杖和恩賜

Ist oft mein Schauer und Platzregen　往往卻給了我陣雨和暴雨

薩克斯的詩充滿幽默感，也許正是這個原故，使得人們永遠記得這位鞋匠名歌手。徘徊在噴泉四周，今天能夠欣賞這樣一件藝術作品，給我增添幾分欣悅，因為現在再沒有任何一個城市願意花費那麼多的錢去建造像這樣的噴泉了！

德國16世紀著名的民眾詩人漢斯‧薩克斯銅像

新天鵝堡：童話中的城堡

　　每當報春花一開，欣欣滋長的水草跟著掩蓋了河石的苔痕，離家不遠的溪堤流水顯得更清澈了，成群的牛羊散漫地在綠茵裡低頭吃草，四周瀰漫了鄉野的溫柔，總讓我想起施萬高Schwangau那一片綠、澄清的天鵝湖水、連綿起伏的山嶺和那遙遠的一座美麗的新天鵝城堡。

施萬高的四個湖

　　自古以來，帝王總是選擇景色最好的地方建造行宮，巴伐利亞國王路德維希二世便是好例子。他費了17年時間建造的新天鵝城堡，座落於群峰起伏的阿爾卑斯山間的施萬高高原上，映入眼簾盡是靜謐的青山綠林和波光蕩漾的湖水，高雅的主塔樓與美麗的四角塔樓，傍依城堡，居高鳥瞰，飄逸脫俗，如此夢幻的氣氛確是人間仙境。

　　所謂入山問境，要尋訪新天鵝城堡，得先認識一個充滿靈氣的施萬高（Schwangau）小鎮。有人說，要不是出了一位傳奇的巴伐利亞國王路德維希二世，施萬高僅僅不過是巴伐利亞州默默無聞的一個小鎮而已。

　　在我來說，光是施萬高的名字，便是如夢似幻，引人遐思。德文Schwangau原是由天鵝（Schwan）和多林園多沼澤地區（Gau）

兩個詞組成的。Schwangau的意思是指一個富有自然美的天鵝之
鄉。在這個小鎮，我曾經肩背著一個照相機走十里鄉間小路，體
驗徒步帶來的愉快感受，也曾經帶上一卷書，在湖邊靜坐、觀
鳥、讀書、或與當地居民閒聊家常，不經意間步過麈囂欣賞田野
風光。

　　一個村民告訴我，散落城堡四周的湖泊有一共有四個之多，
在網上查一查資料，果真沒錯。

　　福爾根湖（Forggensee）位於阿爾卑斯山麓下，是巴伐利州
第四大湖。從6月中旬至10月底有很多水上活動，招攬了很多愛
好帆船、衝浪、划船、劃獨木舟的人都喜歡到此一遊。湖邊有露
營地，人們也喜歡在湖區內徒步或騎自行車環瑚一周。

　　巴黑森林湖（Bannwaldsee）是一個露營勝地。區內佈滿沼
澤草甸、蘆葦，它是一個美麗的生態湖泊，它的周圍560公頃全
屬於自然保護區，漫步湖區可以追逐鳥兒在滑翔中的倩影，或徘
徊在不知名的野生植物前。

　　阿爾普湖（Alpsee）深藏於山下高天鵝堡峭壁之間，湖水可
達62米之深，翡翠綠亮的湖沒有一絲波紋，在陽光的照射下，閃
爍著美麗的光澤，宛如一面鏡子，國王路德維希二世生前最喜愛
在此湖沐浴。

　　天鵝湖（Schwansee）是四湖中最小的湖，從Alterschrofen區
沿著小路往施萬高走，不久就發現通往天鵝湖的散步小徑。沿著
小徑走，瞬間隔離了車道的喧囂，在林蔭花徑下散步，倒真有一
點詩情畫意呢！和阿爾普湖相比，天鵝湖是個迷你湖，水不很
深，水質清淨，然而，很多人都愛在這裡游泳，倘徉於湖光春色
之外，還可以在綠草如茵的草坪上享受太陽浴，沉浸於休憩的氛
圍中。

Germany

路德維希二世的夢想世界

　　遨遊施萬高，除了沉浸於讓人慵懶的湖光春色外，重點當然還是在尋訪美麗的新天鵝城堡。

　　來到售票中心，莊嚴的舊天鵝城堡就在百來步路，但是離新天鵝堡還有一段距離。舊天鵝城堡亦稱荷恩施萬高夏宮（Schloss Hohenschwangau），這是路德維希二世（Ludwig II）的父王馬克西米安二世修建的。古堡原來是在12世紀由施萬高騎士們所建造的，所以建修後的室內佈置還保留濃厚的浪漫主義風格。

　　根據記載，施萬高有四座古堡，到了18世紀初，原本已經瀕臨倒塌的古堡又受到戰爭的破壞，古堡當時斷垣殘壁的狀況，實在無法入住了，但由於古堡佔有優越地勢環境，正如一般所說的「好風水」，馬克西米安二世便著手讓人建修此城堡。從那裡還可以看到對岸山上兩座幾乎是廢墟的古堡，他可能沒想到，三十多年後，他的兒子路德維希二世，把對面山峰兩座古堡澈底摧毀，重新建造一座新的城堡來。

　　售票中心附近有一個馬車站，很多遊客在那裡排隊等著坐馬車上山。在等待中，時間好像過得特別慢。

　　一個端坐在馬車上的馬夫，趕著馬兒下山來，引起眾人的注目。只見那個穿著巴伐利亞傳統皮褲子的壯實的馬夫，熟練地把馬車停在馬路旁，讓一些等得焦急的乘客先上車。馬車本來是空的，現在又坐滿了。馬車緩緩向前走，車後傳來遊客的歡笑聲，隨著踏在小路上蹉答蹉答的馬蹄聲，小鎮彷彿穿越時空隧道回到了中世紀一樣。

　　往山頂的路上，有人坐馬車上去，也有選擇步行的遊客，走在蜿蜒的山路中，沿途空氣新鮮景色怡人，也帶來不少閒情逸趣。

不想走太多路的我，選擇了坐公車上山，不僅車票比較便宜，也因為要節省到山頂去的時間。離山頂公車站不遠處，從吊橋那裡，剛好可以用鏡頭捕捉拍下至純至美的新天鵝堡全景。記得每次來到這裡，總是很興奮。站立在吊橋上，遙望起伏的山峰和翠綠的湖泊，引發了登高望遠的情懷，俯瞰陡峭岩壁、谷底深淵，驚嘆這自然界的美妙。

　　觀賞過吊橋奇景之後，便照著路標走到新天鵝堡。

　　走入新天鵝堡，宛如走入一座夢幻城堡，令人沉浸其中。今天人們所見到的新天鵝堡造型，是依路德維希二世的構思而建的。讓人感到驚訝的是，當年替他繪製建築草圖的是一些劇院畫家和舞臺佈置者，而並非專業的建築師。

　　一切皆因他喜愛詩歌繪畫和特別鍾愛華格納歌劇而起。

　　在室內設計方面，他從華格納創作得到很多靈感，譬如在國王起居室壁爐上方，掛懸著一幅大油畫「羅恩格林」（Lohengrin），描繪了這樣引人入勝的情景：神采飛揚的羅恩格林到達安特衛普，他站在一艘由天鵝拉著的小船上，前來營救被控告將弟弟溺死的埃爾莎。這是參觀城堡時不可錯過的一幅畫。

　　又如在通往國王起居室的前廳，掛著大量的畫，敘說關於西古里德傳說場景，而華格納的歌劇《尼伯龍根的指環》恰恰是從這些傳說中而改寫的！

　　初次參觀，我跟著人群在城堡內走馬看花地走一圈；耳機傳來的講解，聽入耳的，有一句沒一句的，結果參觀之後，沒能帶走任何特別記憶。

　　當我第二次參觀時，做了一點功課，終於頓悟了一點，若要瞭解路德維希二世的建築藝術構思，最好要先認識華格納的音樂，熟悉了華格納的歌劇之後，便能更貼近國王的夢想世界！

　　原來，路德維希二世正如數家珍般，把華格納的著名的歌

Germany

路德維希二世肖像

劇，全都以壁畫呈現於堡中。

　　歌劇大廳的設計採用了瓦爾特堡的藍本，壁畫則是以華格納的大型歌劇《帕其法爾的傳說》為題材，歌劇大廳是新天鵝堡中心點，也是國王的最愛，廳內的裝飾極其奢華，五座亮閃閃的鍍金吊燈飾和兩排高桿燭臺，拱門形狀的舞臺，襯托壁畫燈飾，渾然天成。

　　再有油畫〈紐倫堡的名歌手〉（Die Meistersinger von Nuernberg）設置在國王更衣室壁爐的上方；〈崔斯坦與伊索德〉（Tristan und Isolde）劇情的壁畫在國王臥室；而〈唐懷瑟（Tannhaeuse）為舞者奏樂〉的情景也納入國王工作室，可見城堡中處處留下華格納作品的痕跡。

　　自幼偏愛天鵝的年輕國王，也刻意將「天鵝」這個元素注入壁畫，畫、帳幕甚至水龍頭的設計中，打造一個名符其實的天

鵝堡。

　　仔細一看，加冕大廳的設計原來是表達國王對上帝的讚頌和感恩。拱門和石柱是兩層樓高的大廳的主要建築元素，環觀四周，只見拱門和馬賽克地面的圖案都採用花木、鳥獸、和多種圖形來裝飾。仰望那帶有半圓型拱頂的加冕殿臺，皆有壁畫裝飾，展示著一個由耶穌加冕的莊嚴儀式，和佇立於棕櫚樹之間的六位國王。

　　據說加冕大廳的設計，具有深一層的意義。動植物的馬賽克地面象徵著大地；拱頂的太陽和星星代表上天，中間的大吊燈則是國王王冠，國王是處在上帝之下萬人之上。

　　遊罷城堡，然而總是感到意猶未盡。感到十分可惜這位滿腔惆悵而又安於寂孤的歲月的年輕國王，在那洋溢著中世紀的天鵝騎士和聖杯氣息的城堡中，僅僅居住了172天而已。

路德維希二世的生平

　　路德維希二世是一位勇於實現自己夢想的築夢者，但對他個人來說是一個悲劇，因為他不是一位善於治國的國王。

　　自幼生活在華麗奢靡的王宮中，他嚮往的是田野風光和醉心於中世紀的傳說故事，當他接觸到華格納的音樂時，便沉溺於其中。1864年，路德維希二世登基時才18歲半，第一件要進行的事，是要大力資助作曲家華格納，當時華格納的《崔斯坦與伊索德》在維也納首演失敗，正處在負債累累的困境。國王的資援，正是及時雨，使華格納生平第一次不必為金錢而擔憂，並入住慕尼黑王宮附近豪宅。

　　次年《崔斯坦與伊索德》在慕尼黑成功演出。本來這種文化資助是好事，然而，作曲家華格納經常需要國王資助，慕尼黑主

Germany

流社會早就對華格納的傲慢與無度揮霍感到厭煩，1866年初，迫使國王下令驅逐華格納離開慕尼黑，但沒有中斷給他的資援。

繼位兩年後，巴伐利亞國王的才能受到嚴峻的考驗。不幸在「普奧七星期戰爭」中，1866年與奧地利聯盟抗普魯士失敗，被迫割讓黑森、漢諾威和石勒蘇益格-荷爾斯泰因（Schleswig-Holstein）等地區給普魯士，還要賠償普魯士3,000萬德國舊金幣。

1867年，路德維希二世解除了與蘇菲公主的婚約，蘇菲公主是奧地利皇后西西公主的妹妹，他從此不再有任何婚姻，卻和奧地利皇后西西公主保持一輩子的友誼。

現實和夢想多是背道而馳，在朝廷中沒掌握過大權的路德維希二世，對政務逐漸感到厭惡，於是遷移到舊天鵝堡生活。1869年開始建造自己的童話城堡，疏遠慕尼黑政壇。

1870年普魯士和法國關係又緊張起來，巴伐利亞再次被捲入戰事，這次雖然打勝了法軍，但是，明顯的大贏家是普魯士國王威廉，他想以統一德國帝國為名當上德意志皇帝，並由巴伐利亞首相和臣子說服路德維希二世，要推舉普魯士國王威廉登上皇位，這意味著巴伐利亞已成附屬國地位，此時路德維希二世的心情有如南唐李後主亡國之痛，故國那堪回首。

細讀路德維希二世的生平，他一生孤僻醉心於音樂，沾染了歐洲帝王建造城堡的風習，除了新天鵝堡，1870-1886年路德維希二世還建有林德霍夫城堡（Linderhof）和1878-1886年的基姆湖城堡（Herrenchiemsee），造成債務不斷攀升，國庫幾乎也被掏空，更不幸的已留下致命的把柄。

據說，內閣成員們聯合皇家的幾名成員，蓄意奪走國王路德維希二世的權力，故此蓄意於1886年6月8日，派遣一個在范古登醫生領導下的醫療小組，托辭說去診斷國王精神狀況，其實故意用「神志錯亂」的診斷結果，罷免他的國王職責。誰知道兩天

後，愛戴國王的施萬高居民和衛兵發起營救行動，但是不幸被朝廷軍隊鎮壓下來。當天夜裡，路德維希二世被羈押到斯坦貝格湖的王宮軟禁起來。

次日，人們發現國王路德維希二世與范古登醫生溺死在湖邊，他們之死至今還是個謎。路德維希二世死時才41歲，然而，他的傳奇人生和曠世之作新天鵝堡，讓世人永遠傳頌。

溫馨叮嚀

由慕尼黑總火車車站出發，開往富森的火車很多，如果搭乘8:52的火車，於11:05到達終點。

走出火車站，外面就是公車站。公車的時間表和火車的時刻表會銜接，所以基本不需要等太久。上公車再購票，司機兼任售票，如果在慕尼黑總火車站已買拜爾票（Bayer Ticket）在這裡便可以使用，不需再購票。車程約10分鐘，公車會停在新天鵝堡山腳下的資訊中心門口。順著路標約走3分鐘左右來到售票處（Ticket-Center）。在這裡排隊買票，新天鵝堡（Schloss Neuschwanstein）的門票12歐（包括堡內的耳機講解），票的上面列印有你進堡參觀的時間，早了晚了都進不去。

若買23歐的Königsticket你可以參觀新和舊天鵝堡。

特別優惠的是買24歐的Kombiticket - Koenigsschloesser，可以參觀新和舊天鵝堡、林德霍夫城堡（Linderhof）和基姆湖城堡（Herrenchiemsee），此票有效6個月。

第四篇

德國文化之旅

德國人有一種獨特的人文精神，他們做事嚴謹，不論是在科學或音樂藝術方面都有傑出的表現。德國擁有豐富的人文旅遊資源，不管大城小鎮都留下許多古堡、宮殿、雕塑和紀念碑等珍貴的古蹟，這不盡都是讓人欣賞它的藝術性，更重要的是喚起人們對歷史的記憶。

到柏林去也許不用找理由

勃蘭登堡門

　　東西德統一後，柏林恢復它「首都」的政治中心地位，並且不斷地發揮其商業、金融和服務業的優勢，現有約340萬居民，每年紛至遝來的遊客卻高達1,200萬人，柏林是一個變化最大且又隨時制宜的城市，既是德國最大的城市，同時和漢堡、布萊梅一樣是州市。統一後，我到柏林的次數也增多了，也許再不用找任何理由，想去就去。每次在布蘭登堡門、菩提樹下大街、勝利紀念柱、猶太人紀念碑那兒徘徊，都得到不同的感受。

那年駕車到柏林

　　記得我當學生的時代，每年暑假，校方都有為外籍大學生組織了一些參觀和旅遊活動，學生們僅需繳很少的費用，就可以到德國各大名城遊山玩水，或涉獵德國藝術文化。我雖然很想跟著校方到柏林走一趟，可惜一直到畢業，總是因為太遲報名或名額

Germany

有限，僧多粥少報不上名而無法成行。

在1982年夏天，我在阿亨理工大學開始撰寫碩士論文，需要大量的文獻和資料，早聞柏林自由大學是當年西德學術重鎮，它的前身為柏林大學，圖書館藏書甚為豐富，由於戰後柏林大學被劃入東柏林境內，西柏林也於1948年成立了一所「柏林自由大學」。東西德統一後，原址在菩提樹下大街的柏林大學，為了紀念對教育有諸多貢獻的創校者威廉・馮・洪堡和自然科學家亞歷山大・馮・洪堡兩兄弟，恢復起初的原名，成為大家現今熟悉的柏林「洪堡大學」。

不管怎麼說，這所名聞遐邇的大學，我非親自去探訪一趟不可了！於是，我和兩位德國女同學計劃結伴駕車到柏林一周。從阿亨城到柏林共635公里，路途遙遠，可是德國女生一向都很勇敢，尤其在駕車方面，幾百公里算什麼？而那時的我，因為還沒考駕駛執照，要逞強也無從做起，結果Elisabeth和Connie，她倆輪流開了6-7小時的車，一路上，還能談笑自如，毫無倦容，那可真是讓我佩服得五體投地。

那時東西德還沒有合併，車子走到一個叫Helmstedt小鎮便到了東西德的邊界。過關口時候，兩位德國女生遞上她們的證件，持槍的東德士兵點頭示意：都是同胞一切沒問題！輪到查看我的中華民國護照時，只見他臉色變得非常難看，並用嚴厲的聲音對我說：「你知道這本護照的意義嗎？我們不承認你這本護照。」並要我下車補辦過境手續，我意味到我們要穿過東德境內駛向西柏林之前，必還經過一番折騰，我開始變得有點忐忑不安起來，等待的時間過得特別慢。

自從1972年中華民國退出聯合國後，要刁難我們這些庶民的，當然不僅是這個不同主義不同體裁的東德士兵，我盤想著如果被拒絕過境該怎麼辦？幸好過了20分鐘，另一個士兵把護照還

給我，讓我安全過關。

等到車子開走了幾百步路遠，坐在車內的我們不禁一起歡呼起來：「柏林，我們來啦！」

其實，還要一段路才能到柏林，東德的公路很少車輛在行走，路的兩旁風景也單調，偶而見到有青蔥的樹林，也有碧綠的田野，讓人驚鴻一瞥，瞬間又消失。

不久，我們停下來要用餐了。在東德的物價比西德低，而且剛才在關口時，每人都被強制規定換了50塊東德幣，當時馬克換成東德幣的匯率以一比一，因為規定每人每天要換25東德幣，我們經過東德兩次，以兩天計算，共換了50塊東德幣，所以我們盡可能在東德境內把它花掉。Elisabeth顯然是識途老馬，帶領我們進入一間看來好像工廠的食堂一般餐廳，非常樸實無華，但是，飯桌和餐具都是乾乾淨淨的，這一餐吃下來和我在大學學生餐廳差不多滋味，主要是填飽肚子就是了。

夏綠蒂堡宮（Schloss Charlottenburg）

夏綠蒂堡宮是柏林現存最大的巴洛克式宮殿，也是我所見過最令我難忘的宮殿。宮殿中央設有綠色的圓頂鐘樓，兩翼圍成一個半天井，遠遠看去，顯得格外偉峨壯麗。宮殿前有柵欄和大門，遊人忙著在兩座鬥士雕像前拍照留念，一進入那鑲金色邊的鐵柵門就是寬敞的前庭，正中豎立了一座選帝侯的騎馬塑像，好讓前庭不顯得空濛迷茫。

漫步於夏宮前，我刻意捕捉國王與王后留下的痕跡，願意傾聽人們津津樂道的傳奇故事。

夏綠蒂（1668-1705）出生於爵侯之家，天資聰慧，年紀輕輕便精通英法義三種外文，1684嫁給選帝侯腓特烈三世，那年她

Germany

夏綠蒂堡宮殿

夏綠蒂堡殿門上的塑像

才16歲。1696年她在Lietzow得到一塊地便建造一座夏宮，取名為利茲楚堡（Lietzowburg）。1701年腓特烈三世選帝侯成為普魯士國王，登基後改稱為（國王）腓特烈一世。夏綠蒂便成為他的王后，這個夏宮也得到擴建了，然而，還不是現今見到的模樣。1705年夏綠蒂回娘家探親人，不幸得了喉嚨急性炎不治而死了，腓特烈一世為了紀念早逝的妻子，將這座宮殿命名為夏綠蒂堡宮。

夏宮內佈置優雅，有華麗的掛毯、羽鍵鋼琴與法國油畫，夏綠蒂喜愛音樂，不僅彈一手好羽管鍵琴，還能出凡入勝地演唱義大利歌劇，她在生時，宮中幾乎全年都有長駐的「戲班子」，義大利音樂家安提里奧・阿里歐斯提（Attilio Ariosti）和喬瓦尼・巴蒂斯・博農奇尼（Giovanni Battista Bononcini），就是在這裡擔任多年的教堂唱詩班音樂師，和兼任劇本寫作。

從1709年到1712年，夏綠蒂堡宮殿又再次擴建，這期間增加了旋轉塔和橘園。隔年，國王腓特烈一世逝世，把王位傳給他和夏綠蒂所生的兒子腓特烈・威廉一世。同年，夏綠蒂堡宮殿又得以修建，把宮殿的中央加建和配上圓頂，充分發揮以巴洛克式建築風格，這時的城堡配上寬闊的禦花園，在外型上已烙下凡爾賽

宮的影子了。然而，夏綠蒂堡宮殿最終完成於腓特烈・威廉二世時期，東翼有全新的洛可可風格的廂房和皇室套房，西翼有宮廷劇院和卡爾哥達漢斯的小橘園（現今用作餐廳）。

　　夏綠蒂堡宮殿在二次大戰被摧毀了大部分，現今建築物是1945年後重建的面貌。宮殿中廳堂的陳列當然也經過精心策劃，不僅僅是呈現了歷代君王在此居住的生活，主要也凸顯了王后索菲・夏綠蒂的文化素質與藝術修養，尤其她對中國文化藝術的仰慕和審美觀，可稱為是那個時代的典範。

　　走到最後一間房間，在我毫無期待之下，門一打開，跟著的是令人震撼的畫面出現，一個被塞得滿滿的中國瓷器陳列室就在眼前，「哇！」，除了這個驚嘆語，我無法形容我的驚豔！這是我參觀夏綠蒂堡宮殿最難忘的一刻。

　　陳列室約有60平方米，裡面就珍藏了2600件瓷器，只見瓷盤、瓷瓶、瓷罐，釉色晶瑩，盡善盡美的陳列於牆上大小托座之上。不管是白瓷的或青花、五彩、黑彩的，與明鏡、金框交相輝映，美得讓人傾心！

　　這不正是促使夏綠蒂堡宮殿成為舉世聞名的中國藝術珍品風格之寶藏嗎？

　　這一切，不僅歸因於王后索菲・夏綠蒂高貴的身世，所謂「良禽擇木而棲」，賢德明哲的人不但要慎擇棲木，還要慎擇良友。夏綠蒂和她母親很幸運有一位名叫萊布尼茨（Gottfried Leibniz）的摯友，他當時受聘於她父親宮殿作圖書管理員。萊布尼茨不但是一位優秀的哲學家和數學家，還是一位傑出的學者，他在法律、管理、歷史、文學、邏輯等方面都作出過卓越貢獻，他於1675年創立了微積分學，此外，他的二進位制數學原則，奠定後世的控制論和電子計算機原理，論學術成就可與牛頓並列，最令人驚訝的是他在那個時代，已對中國的易經進行了深入的研

Germany

究，夏綠蒂從小就受他薰陶，自然產生了中國情結，最終造就了一個璀璨奪目的瓷器陳列室。

勝利紀念柱

車子在6月17日大街向大圓環方向走，不遠處出現一座高聳的勝利紀念柱，四周綠樹成林，一片生意盎然。我往那高矗的建築物看去，只見在頂端的勝利女神維多利亞，頭頂神鷹，左手緊握尖矛，在陽光下，氣昂昂，雄糾糾。記得煤體有報導過，於2010/11年，柏林州政府用掉好幾百萬歐元去重新裝修勝利紀念柱，特別把勝利女神銅像鍍上 一層金，使得整個外觀變得光彩奪目起來。要不是書上有記載著它有多高，不敢相信，眼前的紫紅色花崗岩的紀念柱高達67米，而背負雙翼金碧輝煌的勝利女神，竟有8.3米之高和35噸之重。

這個紀念碑原是為了紀念1864年在普丹戰爭中打敗了丹麥而興建，但在紀念碑完工之前，1866年在普奧戰爭和（1870-1871）年普法戰爭，先後擊敗了奧地利和法國，這一連串的軍事的勝利帶給威廉一世完成統一德意志大業，到1873年9月2日舉行揭幕儀式時，增添的勝利女神維多利亞雕塑，更彰顯出德意志帝國實現歐洲稱雄的深遠意義了。

紀念柱原本建立在國會大廈前，一直到1936年才被納粹黨移到現址。紀念碑本身是一個展望臺，在基層設有售入門票處和展覽會室。遊客可以看到有多塊青銅浮雕記錄著上述3次戰爭的場面。

登上285梯級後的更加接近勝利女神了，可以在頂端處俯視柏林市區，所有美景盡收眼底。

可是我自踏入中年後因有懼高症，不宜登高遠眺，便選擇到對面的「鐵血宰相」俾斯麥朝覲。紀念碑是一組大雕塑，只見俾

斯麥身穿普魯士服裝，頭戴著盔，左手持劍，右手撫摸著建立帝國證書，高高佇立在石臺上，陪伴著他的還有背著地球的希臘神話中的大力士（Atlas），象徵是「身負重擔的人」；坐在獅身人頭的斯芬克斯身上的希臘神話中的女預言家（Sybille），象徵是眼光遠大，能高瞻遠矚的人；而勇敢腳踏獅子的德意志的化身（Germania），和藏在雕塑之後的德國史詩尼伯龍根之歌中的英雄（Siegfried），不慌不忙地把千年史記和普魯士民族的崛起，娓娓道來。

　　在俾斯麥紀念碑入口不遠處，發現有一尊寫著魯恩（Roon）的塑像，他是陸軍大元帥。另一尊卻在另一端，是總參謀長莫勒克（Moltke）的塑像，原來，俾斯麥、魯恩、莫勒克被稱為「統一德國的三大功臣」。據說，威廉一世在凡爾賽鏡廳稱帝的祝酒詞中，曾經對兩位功臣這樣讚揚：「魯恩把寶劍磨利了；而莫勒克正確使用了它。」

勝利女神維多利亞雕塑

勝利紀念柱

Germany

柏林新地標：國會大廈

　　國會大廈亦稱為「帝國議會大廈」，德意志帝國於1871年計劃建造一座建築物作為國家議會之用，由德國建築師保羅・瓦洛特設計，採古典、哥特、文藝復興和巴洛克多種建築風格，可稱為美侖美奐的建築物，前後用了十年的時間才完工，1884年動工，1894年12月5日方才啟用。第一次世界大戰後，德意志帝國宣告瓦解，直到1918年11月威瑪共和國的成立，議會大廈正門才鑲上「為了德意志人民」的銘文。

　　到柏林像是上歷史課，回顧德國近代史使人感到荒謬與驚駭。

　　1933年2月27日大廈失火，部分建築被毀，員警搜索現場時，發現了失業的建築工人馬里努斯・范・德・盧貝。因為他是荷蘭共產黨員，納粹統治者立即宣稱這縱火案是共產黨策劃的，當時身為德國總理的希特勒，抓住這個機會宣佈全國進入緊急狀態，並要求總統興登堡簽署《國會縱火法令》，取消大部分威瑪

柏林新地標：國會大廈

穹形的玻璃圓頂

憲法賦予的私人權利。並在短短的一個月內，將反對黨的96名國會議員處決，建立了希特勒納粹獨裁政權。

經過第二次大戰激烈戰鬥，東柏林為蘇聯佔領，西柏林為美英法三國分區佔領，當時的國會大廈遭到嚴重毀壞，東德政府於1961至1971年間根據保羅‧鮑姆加藤的設計方案重建大廈。

1989年11月9日柏林圍牆倒塌，1990年10月3日德國正式統一，第一屆全德聯邦議會決定放棄舊都波昂，重定柏林為都，國會大廈隨之成為德國聯邦議院之所在地。

國會大廈真正引起我注意的是在1994年，藝術家夫婦Christo和Jeanne Claude為了展示他們獨特的藝術設計，將整個大廈用巨大的塑膠布白布像包禮物一樣包裹起來，形成一種既神祕又幽默的景觀。經此一捆包，國會大廈就成為我們家茶餘飯後的話題了。

1995年至1999年，大廈又再被修建，這次的修建不僅是現代化內部裝修，還建造了一座巨型的穹形玻璃圓頂，不但充分地表達出其透明度、清晰度和強化能源技術性，象徵德國政壇要透明化並提倡節能科技。

我第一次參觀國會大廈時，帶上解說耳機隨著人群步上旋轉式樓梯，朝著圓頂慢慢走去。乍看之下，這個玻璃圓頂中央設置了一個像漏斗般的玻璃反光體，從底層幾乎通到圓頂，站在一樓的人們可從透明的玻璃向下俯視議會實況，也可以閱覽四周展示的歷史事件圖片說明，然而，這圓錐狀之玻璃反光體隱藏了很多學問在內，它有如倒立的燈塔，其運用360片稜形鏡面反射室外的陽光至議場，成為議廳裡面白天主要的照明來源。另又設置360度移動式遮陽板，可自動追隨太陽運行路線而移動，既可以避免陽光直射所造成的眩光又可抗紫外線與隔熱效果。

參觀那天碰到下雨天，外面濕答答的，雖然已是五月底，溫度已降到18度左右，走在街上還是有涼颼颼的感覺，可是我在國

會大廈內感到溫暖得很，原來這裡採用了既環保又節能的建築絕緣保溫及設置低耗能的冷暖空調系統，利用太陽板所產生的剩餘熱能轉存入建築底下300公尺的地下溫水層儲存，在寒冬時取出來提供熱水及暖氣；另把低溫的冰水儲存在地下60公尺的地下水層，夏天時抽出以製造冷氣。

我走到圓頂那一層，抬頭一看，正好看到天窗微微開了一小縫來通風，連忙鏡頭一對準攝下作為證據，看來室內外空氣可以藉由自動控制的窗戶來自然調節了，事實上並不盡然如此，根據專家解釋，漏斗般的玻璃反光體還有一個功能，可將聚集上層的熱空氣在抽出室外前，透過熱交換機來回收熱源，引入新鮮空氣，再透過議場地板散逸入室內，成為低速的自然通風。

從城市發展的角度來說，全球暖化的問題，早被人所關懷和警惕，德國是綠化做得最好的國家。而柏林是隨時制宜的城市，所以由國會大廈帶頭做起，採用節能技術響應環保之號召，實是明智之舉。

走出天臺，欣賞周遭新舊建築的結合，遠眺城市美景、又近攬總理辦公大樓，對柏林那些轉變我只能表示驚歎。

最後，不能不提示一下，完美穹形的玻璃圓頂構思是由英國建築大師諾曼‧弗斯特爵士所設計的。

溫馨叮嚀

　　參觀德國柏林國會大廈，不用買門票，但需要辦預約手續

🌸國會大廈地址：Platz der Republik 1, 11011, Berlin TIERGARTEN

🌸交通：S-Bahn: S1/S2/S25, Brandenburger Tor站。

🌸地鐵：U55, Bundestag站；公車：100/M85路，Bundestag/Reichstag站。

🌸開放時間：每天8:00-24:00，每15分鐘入場，最後入場時間23:00。

　　12月24日全天，12月31日16:00後關閉。

🌸穹頂和天臺參觀（含語音導覽）

漢堡：港都的巡禮

　　漢堡是易北河上的一顆明珠，也是德國通往世界之美麗港口。

　　早在1885-1913年期間，漢堡的航運和造船業已經蓬勃地發展。世界各地的遠洋輪來德國時，可以從寬闊的易北河道，航行109公里直接到達漢堡。在經濟上，漢堡是一個特殊城市，大部分實業如造船業和金融加速了城市貿易的繁榮，刺激了德國貨物的出口和投資，並促進了德國經濟更面向國際。頂著自由港光環，漢堡不僅是德國最大港口和歐洲第二頂尖的運轉中心，更是世界最大的擁有多種運輸模式的港口之一。

坐船遊港去

　　漢堡市每年有330萬遊客，是國際著名的旅遊城市。作為遊客要探索漢堡的今天，不能錯過乘坐汽艇遊倉儲城、貨櫃碼頭的機緣，觀賞帆船、汽船、貨輪、拖運船，或尋覓瑪麗皇后二號倩影，捕捉港口浪漫的氣息。

港都的巡禮（許盈盈提供）

碼頭景觀（許盈盈提供）

溫馨叮嚀

　　從碼頭出發，遊客可以乘坐汽艇巡遊漢堡港口。

　　水上環線遊船（Maritime-Circle-Line）每兩個小時開一班船，第一班船於上午10啓航，定時往返於10號棧橋和位於威德爾（Veddel）的巴林城移民博物館（Auswanderer-Museum Ballinstadt）之間。遊客可以在任何一站下船，去參觀博物館或者散散步，兩個小時之內，只需憑票根，即可免費搭下一班船繼續下一段旅程。

　　遨遊在連接海和城市的北易河上，沿途可以看到位於海外橋的「聖地牙哥角號」和位於碼頭棧橋的「瑞克莫瑞克莫斯號」的展覽船，也可以上岸參觀港口博物館或漢堡國際航海博物館，特別是位於威德爾（Veddel）的巴林城移民博物館，這裡可以閱讀到一段不為人知的故事，那就是一百多年前（1850-1939），有五百萬德國人曾經由此港口移民到美國。

　　每年五月的漢堡港口節是最好的輪船巡禮季節，全球將有330多艘船舶紛紛在漢堡港口節上亮相，甚至全球最大的太陽能動力船Planet Solar號屆時也出現。港口節的意義，又可追溯到港口享受免稅的特權，這個特權是腓特烈一世於1189年5月7日頒賜的，從此漢堡自由港就誕生了，2015年將是第825屆漢堡港口節，大約有150多萬人在四公里長的港區慶祝。觀眾可以看到第一天大型輪船到達港口的盛狀、第三天的輪船離港惜別遊行、傳統的拖輪芭蕾以及龍船比賽都是此次港口節的亮點。

Germany

漢堡市政廳

漫遊老城中，不難發現漢堡老城還保留19世紀城市的面貌，儘管它經歷了1842年燒毀了城市的三分之一的大火災和二次世界大戰中的轟炸，它彷彿一隻浴火鳳凰走過滄桑，從灰燼中得到重生。

漢堡市政廳是一座宏偉壯觀的新文藝復興風格的建築，建於1886-1897年間，111米寬和中間的尖塔有112米之高，內有近650個美侖美奐的廳室，比英國白金漢宮還多了六間。難怪住在漢堡的朋友對我說：市政廳是每一位漢堡市民的驕傲。

市政廳大門對上的上方，篆刻著漢堡市的城市格言：Libertatem quam peperere maiores digne studeat servare posteritas，這八個金色大字原是拉丁文撰寫的，大意是提醒民眾小心守護由先輩爭取而來之自由，用心之良苦，讓人看了不得不感動。兩側窗龕之間，有20尊德意志帝國的國王和皇帝青銅雕塑，既是藝術裝飾，又像在敘說從查理大帝到弗朗茨二世的歷史故事。

來到市政廳，發現每天徘徊在市政廳廣場的遊客絡繹不絕。我喜歡從廣場漫步到內阿斯特湖邊，湖光春色，盡收眼底。許多年輕人坐在湖邊的石階上促膝談心，幾位老人把麵包撕成小塊拋入湖中餵水鳥，對岸的白色的文藝復興風格的阿斯特湖拱廊區，人來人往，穿著時尚，在高貴的商店迴廊購物，或坐在咖啡室裡閒聊，讓人聯想到威尼斯夢幻的馬可斯廣場來。

左：漢堡的橋比水城威尼斯還要多。右：Speicherstadt倉庫城。（許盈盈提供）

文學家的搖籃

　　作為德國第二大城市，在商業上，除了以轉運茶葉咖啡的風格樹立下行業標桿外，漢堡還是一個多元化的文化城，這裡也是文學家音樂家的搖籃。

　　在漢堡新城繁華的街道中的一個「鵝市集」裡，發現了德國啟蒙運動時期劇作家萊辛（Lessing）的銅像，這是紀念他1767-1768年擔任漢堡劇院戲劇藝術顧問，並寫成《漢堡劇評》。萊辛的《漢堡劇評》由104篇評論組成，他最大的貢獻是提倡歷史和現實緊密結合的民族文學和戲劇；他主張民族戲劇不應以法國古典主義戲劇為模式而應以莎士比亞和英國戲劇為榜樣，在

Germany

內阿斯特湖邊的時尚購物迴廊（許盈盈提供）

崇尚亞里斯多德古典主義之外，同時還要把自己的民族傳統發揚光大。

比萊辛年輕68歲的德國詩人海涅（Heinrich Heine）也曾和漢堡結了地緣，但是因為詩人是猶太裔而令到紀念他的銅像屢次遭到納粹份子摧毀，簡直是飽受滄桑。直到1982年由華勒德瑪奧多設計的銅像才能倖免於難，至今能看到的，也就是位於市議會市集前作沉思狀的海涅銅像。

凝視銅像，不由讓人想起年輕的海涅來。在17歲那一年，海涅的首先在法蘭克福的銀行家林茲考普夫那裡做學徒，還沒出師便被迫輟學了，後來又到漢堡投靠他富有的叔叔（所羅門·海涅），這位叔叔對自己侄子的評語是「假如他能學點正經東西，

他就不用寫書了。」原來，他很快就看得出來，海涅對財務的管理既沒有興趣又沒有天賦，因為，他為他這個侄子開了一家布店很快就宣佈破產了。

海涅就如同他叔叔說的「不務正業」，還愛上堂妹阿梅莉，把叔叔一家鬧得「雞犬不寧」，最後他叔叔決定讓他離開漢堡去上大學。1821年海涅在柏林初次出版了他的詩集，1824年出版了第二本詩集，其中包涵了最膾炙人口的作品《羅蕾萊》。並於1827年回到漢堡，與霍夫曼和坎普出版社建立有良好的關係，詩篇《青春的苦惱》、《抒情插曲》、《還鄉集》、《北海集》等頗受讀者喜愛。

音樂家的故事

在漢堡市政廳市集前還有音樂家格奧爾格‧菲力浦泰勒曼（Telemann）的紀念碑，這個紀念碑很容易讓人忽視，因為它是鑄在地上的，但是另有由民間發起建造的一座泰勒曼的紀念館，它位於聖彼得街上，緊挨著布拉姆斯（Brahms）紀念館。

聖彼得街位於漢堡西側，屬於行人區中的一條幽雅街道，周遭盡是典型漢堡商賈之樓房，這些房屋在二次世界大戰被嚴重摧毀，戰後的有一位富商，名叫阿爾弗雷德‧特普費爾（Alfred Toepfer），於1966年和1982年重建了其中11棟房屋。自1971以來先後兩座音樂家紀念館比鄰而設，構成了一條紀念漢堡音樂家的藍圖，愈來愈多的遊客慕名而來參觀。

1721年泰勒曼受聘為漢堡的音樂總監，他創作了歌劇《蘇格拉底的耐心》和《平皮諾內》，展示出他喜劇和歌劇的才華。他在漢堡任職長達46年，不但對漢堡音樂界具有影響力還贏得了國際性的盛名。

Germany

　　泰勒曼和音樂之父巴哈早有深交，他認領巴哈之子為教子。卡爾‧菲力浦‧艾馬努埃勒‧巴哈（Carl Philipp Emanuel Bach）是巴哈最出色的兒子，在巴哈在萊比錫去世時，他的兒子沒得到他在湯瑪斯教堂管風琴師的職位，到了1768年卻成功承繼了他的教父泰勒曼的漢堡音樂總監的職位和教堂合唱團指揮的職務。艾馬努埃勒‧巴哈一生，無論在教學或作曲上，皆是碩果累累，據說，在生時名氣比他父親還響亮。走筆到此，正好是艾馬努埃勒‧巴哈誕辰300週年紀念日。德國的6個巴哈之城漢堡、柏林、波茨坦、奧德河畔法蘭克福、威瑪和萊比錫將共同舉辦諸多紀念活動。

　　布拉姆斯1833年生於漢堡，1897年逝於維也納，是浪漫主義中期德國作曲家。

　　布拉姆斯的父親是他的音樂啟蒙教師。從七歲起布拉姆斯才向奧托‧柯賽爾學習鋼琴。在11歲就演奏過自己即興創作的一首鋼琴奏鳴曲，稍長曾經在漢堡開過幾場公開演奏會和開始指揮合唱團，直到19歲那年和匈牙利小提琴家愛德華‧拉門伊一同巡迴演出，才名聲大噪。

　　布拉姆斯與舒曼有過一段亦師亦友的深厚友誼，舒曼的妻子是克拉拉，一位極富天賦的女作曲家兼鋼琴家，年輕的布拉姆斯對她一往情深，他倆的戀情，至今仍然是世人愛談論的話題。克拉拉在舒曼自殺未遂而進入瘋狂狀態時，得到布拉姆斯很多的關照，甚至在他經濟拮据的狀況下也給予她金錢的支助。1856年舒曼死後，布拉姆斯不惜犧牲自己事業搬到杜塞爾多夫舒曼家附近的公寓裡居住，照顧克拉拉和她的6個孩子。

　　然而，他和克拉拉最終並未結為夫妻，他終生未娶。真正原因是因為布拉姆斯單戀呢，或另有其他壓力存在，人們不得而知，總之，他們之間的書信全給燒毀掉了，後人無從考究。

事實上，兩年之後，布拉姆斯便離開了杜塞爾多夫城回到家鄉漢堡當合唱團指揮，不久，便在代特莫爾德城當樂隊指揮和授課於學生。到了1862年，他移居到維也納，並在維也納歌唱學院（Wiener Singakademie）當指揮。1868年完成大型合唱作品《德意志安魂曲》，奠定了他在歐洲音樂界的地位。人們把巴哈（Bach）、貝多芬（Beethoven）和布拉姆斯（Brahms）推崇為最受歡迎的「三B」德國音樂大師。

布拉姆斯其中顯著名的作品有：四部交響曲、《a小調小提琴和大提琴協奏曲》、《D大調小提琴協奏曲》、《匈牙利舞曲集》、《學院節日序曲》和改編的二十一首《匈牙利舞曲》等。1889年，布拉姆斯獲得「漢堡榮譽市民」的稱號。

德國素有「音樂之國」的盛譽，早於1678年，德國第一座歌劇院就在漢堡誕生了。現今已擁有三個交響樂團和一芭蕾舞團，孕育了漢堡高水準的音樂文化。膾炙人口的現代音樂劇《貓》、《獅子王》、《歌劇魅影》等長期在漢堡演出，因為漢堡歌劇舞臺設計非常先進，佈置輝煌，口碑最好，所以很多德國人到漢堡聽歌看劇，是他們一生中「必圓」之夢想。

值得一提的是，漢堡政府從2001年開始在舊碼頭重生歸畫成「住商合一」的「海港城」（Hafencity）。於是，一座在2007年動土的易北音樂廳（Elbphilharmonie）成為大家關注的焦點，它是110米高一個愛樂廳，以「空中雲堡的形象」顛覆傳統，由瑞士建築師赫佐與迪莫宏（Herzog & de Meuron）以「空中雲堡的形象」設計。然而，建造資金每年不斷高漲，加上完工期的多次延遲，使得此專案被視為醜聞工程，預計到2017年才能正式開幕。

Germany

逛魚市場

　　周日，凌晨5點，在整個城市緩緩甦醒之前，漢堡魚市場早就喧鬧起來。我提著菜籃跟著人群中走入魚市，這裡攤位很多，有賣魚的也有新鮮蔬果、盆栽花木、乳酪、醃肉、雜貨甚至賣麵包夾魚小食店……等。站在排列整齊的攤位前，我感到驚奇這魚市竟然毫無魚腥味，地上也沒有濕答答的污水，而傳入耳際的盡是親切的招呼，有些攤位就是一輛貨車，把貨車後座改裝成店面，三面的門一開，便可以做買賣。

　　在這裡我見到了一些傳統大嗓子的「吆喝販夫」（Markschreier），他們各顯神通，不斷以幽默的口語博得大家開懷大笑，在一片吆喝聲中，一再以物美價廉買一送二或更多招攬顧客，反正就是一直往上加，直到有人喊價，就賣了！於是人

阿爾通納（Altona）的魚市是必遊之地（許盈盈提供）

們興致勃勃地一口氣買下一筐一筐的水果蔬菜，七、八公斤的
魚，然後滿心歡喜的把東西扛回家，這種類似拍賣的叫賣方式，
我不敢喊價，怕自己買了卻又扛不動。

逛完露天的魚市場，我進入魚市場大廳走一圈，那裡有小吃
餐廳有啤酒、咖啡、有夾魚肉的麵包，僅管是星期日的大清早，
還有小樂隊奏樂助慶，好熱鬧！

阿爾斯特湖

女兒的家就在漢堡，她先後在那裡做實習生、寫論文和
工作，給了我很多來造訪漢堡的理由。每次來看女兒，我們總
喜歡到阿爾斯特外湖Alstersee散步。阿爾斯特「湖」原是一條
56公里長的易北河支流，後來開鑿成美麗的人工湖。阿斯特
湖又分為「內阿斯特湖」（Binnenalster）和「外阿斯特湖」
（Aussenalster）。

內阿斯特湖指位於漢堡舊城牆以內，舊城牆已不存在，代之
是隆姆巴德橋和甘迺迪橋。阿斯特內湖區是漢堡市繁華的地帶，
著名的少女堤高級購物中心和上面提到的市中心阿斯特湖拱廊便
是內依湖傍水區之景點之一，它們周遭的歷史性的建築物、名牌
精品店、餐廳和旅館櫛比鱗次，讓人留連忘返。

每年在湖邊舉行的阿爾斯特娛樂節（Alstervergnuegen）就
在阿爾斯特內湖舉辦，這個被稱為娛樂和美食結合的文化活動，
通常在9月初的第一個週末舉行，2014年的阿爾斯特娛樂節卻定
於8月29-31日。到了娛樂節的時候，遠遠便見到一個巨型摩天
輪，走在街道上，糕餅、咖啡、啤酒、香腸、音樂、話劇、歌劇
或上水舞池的表演，觸目皆是，壓軸的還有在周日晚上的放煙花
表演。

Germany

漢堡外阿爾斯特湖（Aussenalster）（許盈盈提供）

文化節之街頭遊行（許盈盈提供）

阿斯特外湖比阿斯特內湖大四、五倍，是提供休閒活動和新鮮空氣的地方，一個像漢堡人口稠密的一個大都會，太需要這樣一個幽靜的環境了，此處一年四季都會看到是漢堡居民在湖邊散步、騎腳踏車。夏日裡，在湖波蕩漾中，常常出現划船或是駕駛帆船等的風景，正如冬天裡在結了冰的湖面上溜冰的畫面，讓人賞心悅目。

　　漢堡有了阿爾斯特湖就變成世外桃源！港都的巡禮，一次又一次，不斷地有新發現，每每回眸，漢堡依然在那裡熠熠生輝。

漢堡夜景（許盈盈提供）

相遇在萊比錫

　　火車到了終點站，乘客們略略打整自已的衣物然後神色自若地紛紛下車。夾在人潮中，我步出月臺，到了歌德稱之為「我的萊比錫」和「小巴黎」的城市。注視著那寬闊的大廳和時尚華麗的商店和餐廳，確實美輪美奐，果然沒有虛傳。建於20世紀初的萊比錫火車總站曾經是歐洲境內最大的盡頭式火車站，改建後對於我來說，不失是一個見面談心的好地方。

鑲金的銀行大樓

舊市政廳大樓位於在老城廣場的中心

任何城市之所以被篩選和讚嘆都和它的氣質和記憶有關。萊比錫，宛如二百多年前歌德所說的，以小巴黎的繁華和豐厚的文化底蘊去培育它的市民。今日的萊比錫城市，藉由它的市民散發的文學音樂藝術的異彩，人們也因為仰望這些身影，而眷戀著這個陌生的城市。

　　萊比錫，是一個復甦中的商業大城、博覽會城、大學城、書城和音樂城。在這裡孕育了哲學家尼采，詩人歌德，音樂作曲家巴哈和學術精英的萊布尼茲等，最令人注目的要算當今德國女總理默克爾，她的物理碩士及博士課程都是在萊比錫大學完成的。

　　追源溯始，萊比錫大學成立於1409年，在國際上享有很高的聲譽，是歐洲最古老的大學之一。著名的學者如蔡元培、周培源、林語堂、辜鴻銘也曾先後在此求學過。

　　在萊比錫與卓越的身影相遇，近百年前的光景，彷彿又倒流回來。

　　蔡元培和周培源都是在中國近代史不可忽視的人物，蔡元培是一位革命家、教育家、政治家，同時也是近代民族學研究的先驅。他於1908年至1911年在德國萊比錫大學學習哲學、文學、文明史和民族學，先後曾任清華北京大學校長。周培源是一位理論物理學家、流體力學家。令人注目的辜鴻銘，則是一個極富傳奇色彩的人物，他一生宛如一場精采的個人嘉年華會，他自稱「生在南洋，學在西洋，婚在東洋，仕在北洋」，曾任清朝外交部侍郎，又是民國初年的北京大學教授，著作有《中國的牛津運動》，《春秋大義》等流傳於世。

　　林語堂於1923年獲得萊比錫大學語言學博士學位，他當年在耶拿和萊比錫的遊學故事同樣令人神往。他曾在自傳中稱，深愛歌德名著《少年維特的煩惱》和《詩與真理》，也說過他更傾心於海涅的作品，尤其是海涅的的政論文字，然而並沒提到歌德的

Germany

《浮士德》，他是否也錯過了歌德筆下的「故事現場」——奧爾巴哈酒家（Auerbachs Keller）呢？

出了火車站大門，對面直走就是市中心，朝著方向走去，目光所及，盡是老建築重新翻修，或是新建築拔地而起，展示了城市欣欣向榮之象，給人更多的漫遊興緻。我頓時加快了腳步，像獵人般狩獵景點。

舊市政廳大樓建於1557年，位於在老城廣場的中心，據說是由當時的萊比錫市長皮耶魯尼斯羅特設計的。從外觀來看，文藝復興風格的大樓共分三層，因為太工整而顯得莊嚴肅穆。往下看是圓柱支撐的拱廊，設了一些賣紀念品商店和餐廳，人在拱廊下漫步，倒是可以遮風避雨。屋頂上還建有六座高閣樓，閣樓中間，幸有一高聳的鐘塔搭配才不顯得單調。舊市政廳在二次世界大戰中被毀，重建後改為一座市歷史博物館。博物館內陳列著1823年的城市模型等資料和被戰火燒壞教堂的聖像等，樓上還有特別展覽室。

舊市政廳後面是集市廣場，廣場上有一座塑像，就在華麗的老貿易大樓前，在那兒我巧遇年輕時代的歌德。我們凝視對方，他彷彿在問可否還記得他在萊比錫寫了那些抒情詩，一時之間，我見到他用戀人的名字（安內特）給他詩集取名時悠然自得的神態。

如果細讀《安內特》和《新歌集》詩集，不難發現有好些是抒發他對「安內特」的戀情，甚至1768年寫的《情人的脾氣》歌劇中，也把他自己對戀人的嫉妒寫進故事情節裡。

跟隨著年輕的歌德的足跡，我步行到著名的曼德勒拱廊（Mädlerpassage），曼德勒拱廊位於集市廣場的南面，與老貿易大樓遙遙相望，看來和其他大城市的高檔購買中心沒兩樣，直到走到地下室的一家叫奧爾巴哈酒館小酒館前，見到兩座栩栩如生

位於集市廣場的詩人歌德塑像

曼德勒拱廊

Germany

浮士德和詭異的魔鬼

的人物雕像，一座沉思的浮士德和張牙舞爪的靡菲斯特雕塑，另一座是精靈卻又醉生夢死的學生們雕像，真叫人震撼！原來此處便是我所要尋找的浮士德故事現場啦。

　　酒館離萊比錫大學不遠，許多大學生課餘時間都喜歡在那兒喝酒作樂，當時小有名氣的歌德是這裡的常客。在聊天喝酒之中，他被古代傳說深深地吸引住了，例如說「魔鬼騎橡木桶出遊」的傳說，或者那些離群索居的巫師、巫婆、煉金士，經常在地下密室的地方舉行祕密聚會，一起喝具有魔力的飲料，從而延長壽命甚至長生不老。

　　作為文藝青年，歌德便開始搜集民間故事。顯然，由這一刻起，充滿詭異的魔鬼和出賣自已靈魂浮士德的人物雛形已經開始

第四篇　德國文化之旅

音樂之父巴哈的銅像

　　萌芽了。這個浮士德騎酒木桶的學生酒窖，終究在他離開萊比錫八年後成為詩劇《浮士德》的一幕場景。

　　在歌德的《浮士德》問世之後，奧爾巴哈酒館的名氣高漲。在二百多年後，對這個酒館充滿了好奇的人仍然很多，只要到了萊比錫，首先就要打探奧爾巴哈酒館的在哪兒，像我這般。

　　繞著了集市廣場一圈，想到湯瑪斯教堂就在市中心附近，我帶著尋寶之目光走到教堂前來。

　　萊比錫湯瑪斯教堂，一個巴哈擔任管風琴手及聖詩隊的領唱指揮整整有27年之久的地方，以及一個巴哈長眠於此的地方。

Germany

巴哈的音符

　　巴哈出生於1685年德國中部圖林根州小城艾森納赫一個音樂世家，10歲時父母雙亡，從此寄居於長兄家和接受職業音樂家叔叔們和長兄的音樂薰陶，14歲時，就讀於呂內堡（Lüneburg）的名校聖米迦勒學校兩年，畢業後在威瑪城就業，不久又在柯登擔任宮廷樂長，幾度挫折。

　　歌德出生於1749年法蘭克福一個富裕的家庭，兩人相差64歲。西元1723-1750年巴哈在聖多馬教堂內擔任管風琴手及聖詩隊的領唱指揮；歌德於1765-1768年萊比錫在大學唸法律系，在不同的年代，有著不同的經歷，兩者卻留下不可磨滅的痕跡。

　　巴哈的大型宗教劇音樂《馬太受難曲》於1729年在湯瑪斯教堂首演後，隨時間流逝，這齣舉世鉅作便漸漸黯淡下來，直到1829年3月11日，孟德爾頌於柏林親自指揮演出《馬太受難曲》，才震驚音樂界。此後，巴哈的作品經由孟德爾松發掘整理和推廣，才獲得今天「音樂之父」的崇高地位。

才華橫溢的孟德爾頌

　　我尋找的是巴哈，冷不防遇上了孟德爾頌。

　　孟德爾頌一生中創作極為豐富，於音樂史上，他是浪漫主義的代表人物。喜愛孟德爾頌音樂的人，當然也喜愛充滿了夢幻綺想的《仲夏夜之夢》管弦樂曲。才華洋溢的他身兼鋼琴家、指揮家、作曲家等多重身分，最讓我敬佩的是，於1843他創立了萊比錫音樂院。

　　記得旅遊書都這樣寫的：萊比錫是著名的音樂之城，巴哈、

舒曼、克拉拉與老總監孟德爾頌的經典作品是每年都不能錯過的亮點。除此之外，現代音樂、古典爵士、電影配樂、藝術歌曲、世界音樂甚至兒童合唱團，都在萊比錫音樂節佔一席之地。

　　所以，愛好音樂的朋友如有到萊比錫一遊，不要錯過到新音樂廳（Neues Gewandhaus）聽音樂會啊！如果實在沒時間，不妨去參觀巴哈博物館、孟德爾頌故居和舒曼故居。

孟德爾頌塑像

德勒斯登印象行

　　2011年秋天，我們在暮色中來到德東名城德勒斯登。

　　車子越過了奧古斯圖斯橋，便是素有「易北河畔的佛羅倫斯」美譽的古城區。我向劇場廣場燈火熒熒處望去，只見林立的教堂、王宮、歌劇院等建築群不間歇地展示著它華麗宏偉的風華，河邊延綿著翠青的草地，與岸上滿是幽美的公園和布呂爾平臺，此時此刻，易北河水蜿蜒地在流淌著，宛如一幅夢幻的山水畫。

王宮

獵宮（Morisburg）

翌日清早，翩然來到歌劇廣場。置身於風華萬種的一方美景裡，不禁想起巴黎、佛羅倫斯、布拉格等城市絕色美景來。德勒斯登這個城市畢竟屬於德國人的驕傲，那遠近的圓頂尖塔，高聳教堂、華麗的巴洛克建築，雖比不上巴黎鐵塔或比薩斜塔的奇特，也不比佛羅倫斯教堂、梵蒂岡宏大，但對一個愛好古建築風格的旅人來說，恰恰可以久久沉浸其中。

　　在無邊的古城區徘徊著，目光緊隨著那壯麗的建築群不離，古意盎然的一磚一瓦彷彿不斷地提醒我它輝煌的過去。

　　我的遊伴阿結忽然放慢腳步，故作玄虛地問：「究竟那個時代開始，德勒斯登冠上「易北河上的小佛羅倫斯」美譽？而為什麼強者奧古斯圖比較喜歡稱之為『易北河上的小威尼斯』呢？」

　　到此一遊，當然不可不知奧古斯圖是何人。

　　我在那道長達102公尺的「王侯馬列圖」（Fürstenzug）名壁畫裡找到了他。他正是神聖羅馬帝國薩克森選帝侯和波蘭國王——奧古斯特二世（Friedrich August der Starke）。這個傳奇的人物24歲時就登基，因其身強力壯而號稱「強者奧古斯特」，奧古斯特一生風流倜儻，情婦無數，喜愛建築和收藏藝術珍品，他深受法國國王路德維希十四世的影響，喜愛建造宮殿，以慶祝兒子的婚禮為理由而大興土木。他和他兒子奧古斯特三世共花了一甲子的時光，終於把純樸的德勒斯登堆砌成一個金光閃耀的藝術殿堂，凡到此一遊的人無不嘖嘖稱讚。

　　18世紀是奧古斯圖最輝煌時代，也是被譽為「易北河上的小佛羅倫斯」美譽的開始。至於他為甚麼寧願稱之是「小威尼斯」呢，原來他對威尼斯波光粼粼的宮廷文化非常景仰，也體驗過水都運河中搭乘貢朵拉的浪漫，和沉迷過威尼斯嘉年華會奢華、神祕、艷情的氣氛，但若刻意在易北河上打造一個靡麗輝煌的威尼斯恐怕不易。據說當時很多難度高的建築藍圖就因此被取消了。

Germany

王侯馬列圖

1703年，奧古斯圖找到在位於德勒斯登西北14公里處一座文藝復興時期的獵宮（Morisburg），便計劃將之改建為巴洛克風格的水上宮殿。正是好事多磨，要等到1723年才開始施工，終於在1733年完工，他夢寐以求的水波盪漾，水天一色的宮殿倒影景緻才如願以償了。也是那年，奧古斯特二世不幸卒死於華沙。

　　說完，我眉毛一揚，看著道貌岸然的阿結。而他，竟然笑而不語。

　　走著走著，覺得城市景點太多我稍稍定下了行程，打算用一天時間遊市區，白天可以參觀博物館，晚上再帶上照像機去拍夜景。

王侯馬列圖（Fuerstenzug）

　　我們漫步至德勒斯登古城區的皇宮廣場旁，又一次佇立在「王侯馬列圖」前，像觀賞一幅《清明上河圖》一樣，觀賞著薩克森歷代統治者的英姿。這長達一百零二公尺壁畫，是由兩萬五

聖母教堂是這座城市的標誌

馬丁路德的雕像

Germany

山普歌劇院

千片邁森磁磚所拼貼而成的大壁畫，宛如一本大故事書。後來查資料知悉，1874年萊比錫畫報果真出版了一本王侯馬列圖的畫冊，作為歷史教科書之用。

　　二次大戰期間，王侯馬列圖安然無恙躲過了戰火的摧毀，從某個角度來看，「王侯馬列圖」的確是德勒斯登的最有意義的明信片。在畫家威賀姆・華特（Willhelm Walter）精心策劃下，35位維庭王朝（Wettin）侯爵在那吹吹打打的樂隊陪同下出巡，熱鬧的景象卻不失王者之風範，給無數徘徊在奧古斯都街上的遊客留下深刻的記憶。

聖母教堂（Frauenkirche）

　　聖母教堂是這座城市的標誌，在德國人眼中，它蘊含著深遠的歷史文化意義。

　　當柏林圍牆倒下時，很少人把注意力放在它身上，因為它只不過是東德眾多艱澀的城市之一罷了。至少直到1992年蘇聯軍隊

從德勒斯登撤兵，它才是從斷垣殘壁中跋涉出來的城市。這個想法無懈可擊，因為第二次世界大戰轟炸後，實證與現象完全吻合。

書上有記載：德勒斯登聖母教堂於1993年開始重建，2005年教堂完工。

窺視重建後的聖母教堂，巴洛克建築風格顯得清麗壯麗，格外令人感動。德國人不僅要重建教堂，還堅持要保留教堂的原跡原貌，把被戰火燒的焦黑的磚瓦留下作為重建的材料，這樣一來，重建工作變得更艱苦更耗費時間和金錢了。

仰望圓頂上立著的金色十字架，據知是一位英國轟炸空軍之兒子捐贈；龐大的重建資金也來自世界各地人士捐贈的，十二年的重建聖母教堂不僅是靠德東德西人的努力，也展示了全世界性的凝聚力。

每每談到十二年重建聖母教堂的艱辛，德勒斯登便添增一份滄桑的美感。

山普歌劇院（Semperoper）

於1678年建成的文藝復興建築風格的宮廷在1869年被大火燒毀了。

1878年便改建成一座歌劇院，由建築師哥特佛利德・山普（Gottfried Semper）之子建立的，它便成為了19世紀音樂家嶄露角頭的夢寐以求音樂殿堂，知名音樂家華格納（Richard Wagner）曾經被聘擔任「德勒斯登國家歌劇院」的指揮，他的《黎恩濟》、《唐懷瑟》等多部歌劇在此演出，並招攬了世界聞名的管弦樂團到此演出，促進德勒斯登成為德國古典音樂重鎮之一。

奧托・狄克斯、奧斯卡・科柯施卡、理察・施特勞斯、森帕和巴盧卡等著名藝術家都曾在這裡活躍一時。

Germany

1945年山普歌劇院自遭到空襲後，人們花了40年的時間才把它按原狀修復完成。

歌劇院不僅是外觀壯麗，劇院內的裝飾更是一道金碧輝煌的風景。它擁有懾人心魄的大理石拱柱大廳、美輪美奐的走廊和天花板壁畫和闊綽的舞臺，遊客可以參加45分鐘的導覽，一睹歌劇院輝煌盛況。

溫馨叮嚀
45分鐘的歌劇院導覽票要上網預訂，一張9歐元。

茨溫格爾宮（Zwinger）

從山普歌劇院走不到兩分鐘便到了茨溫格爾宮，它是一組堂皇華貴的巴洛克建築藝術，德勒斯登的魄力全聚集於此，只要踏入茨溫格爾的庭院，即可觸及那八百年王城的餘韻，映入眼簾的綠草如茵的噴泉區、雕像、各式的亭臺樓閣、拱形遊廊以及迴廊建築，美不勝收，四周有博物館、美術館，蒐集的瓷器和藝術珍品星羅棋佈，叫人看了目不暇給。

「Zwinger」這個德文字是指中世紀城堡中內牆與外牆之間的迴廊。奧古斯特二世在這片面積近八萬平方公尺的土地上，打造一個華麗宮殿，以顯耀薩克森王朝的盛世。

建築師珀佩爾曼（Pöppelmann）曾先後參考了凡爾賽宮和荷蘭阿普多恩市（Apeldoorn）的河羅宮（Het Loo）才勾劃出茨溫格宮的藍圖，而雕塑作品則出於巴爾塔薩‧佩慕澤爾之手。1710年開始施工，1719年茨溫格宮正式揭幕。那年，正好奧古斯特三

第四篇 德國文化之旅

141

世與哈布斯堡王朝公主的成婚。

　　茨溫格爾宮到了1728年才真正完工。實非造謠，所有王親貴族的生活都是奢華的。奧古斯特二世的築夢工程耗費大量金錢，然而，他的「奢華」卻造就了茨溫格宮的建築藝術，沒有奧古斯特二世和他兒子的奢華，德勒斯登就不會有今日的面貌了。

　　回家的路上，遊伴阿結說，逛了半天茨溫格爾宮，慶幸並沒被鞋子磨得起泡或有什麼腫痛。於是在這「出門旅行要穿上最舒適鞋子」的細枝末節處，我與他侃侃而談。

　　話說德國大文豪歌德曾經兩次造訪德勒斯登，第一次是1790年，拜訪了他政壇上的朋友，又認識了格‧克爾納（1756-1831），他是一位多才多藝的法律政界人士。在宴會上他們談文說藝，歌德雖感覺自己沒能暢所欲言，但此行還算是度過一段愉快的時光。相隔二十年後歌德舊地重遊。他在風景如畫羅斯威茲的葡萄山（Loschwitz）又拜訪了他的老朋友，歌德很喜歡德勒斯登的藝術氣氛和自然風景，只是有一件事令他耿耿於懷的，就是他鞋子太緊了，讓他第二次德勒斯登旅程中，飽受鞋子磨腳之痛。

　　其實，到過格‧克爾納家作客的還有莫札特和席勒。莫札特雖是匆匆過客，但在1789年拜訪過格‧克爾納之際，沒有忘記在貴賓冊上留下他的大名。

　　席勒於1785年4月接受格‧克爾納之邀請，前往萊比錫戈裡斯村住一個夏天，隨後又到他德累斯頓的家作客。在這段作客期間，席勒創作了名詩《歡樂頌》（1785），並在那裡完成了詩劇《唐‧卡洛斯》（1787）。

　　席勒和格‧克爾納有著深厚的交情，所以留下作客的時間比較長。德勒斯登對一生坎坷的詩人來說一定有特別的意義，可惜他沒寫遊記也沒有記下易北河兩岸的風光，我忽然很想知道，茨溫格爾宮的奢華有沒有讓他感到厭煩。

永遠的波昂

貝多芬的故居

　　位於萊茵河中游的一個美麗城市，清晨山野隱隱，黃昏河水汨汨，輪船遊艇在河面浮汲，推波助瀾，說不出有多麼詩情畫意，儘管我手上拿著攝影機，也不能拍出那一股閒情逸致的氣息來。

　　這個美麗城市既不是德意志工商業的重鎮，也沒有被列入德國十五大城市之中，然而，它不是默默無聞的城市，它是世界大戰後成為德意志聯邦共和國的首都波昂。

　　波昂是極有內涵的城市，要感受它的的氣息，不防從蒙斯特廣場漫步到市場廣場，這裡可以見到洛可哥風格的市政廳、充滿巴洛克式風格的名屋老教堂，這些建築物一如既往，壯麗雅典不沾塵，流露出與一般不同的矜持，造就了它獨特的美麗。

　　漫步於老城，從市場廣場朝西北方向走不遠一條叫「波昂小巷」（Bonngasse）的右側，佇立著古典音樂大師貝多芬的舊居，它是一幢永遠等候著遊客登門造訪的樓房。

　　貝多芬一家雖然在波昂搬遷了多次，但只有這波昂小巷的貝多芬屋能保留下來。就在此屋頂樓，是大師的出生地。這座貝多芬舊居已是城市不可抹滅的名片。

這裡收藏了很多紀念貝多芬的文物；除了許多手稿樂譜、印刷品、畫和樂器，還有貝多芬最後用過的鋼琴和聽筒等等。貝多芬在波昂度過的三分之一寶貴的光陰，也在此完成了四十多件作品。可惜他在1792年遠赴維也納，向音樂大師海頓（J.Haydn）學藝之後，就沒有再回到波昂來。

波昂的記憶

　　翻閱著我陳舊泛黃的史冊，驚訝原來波昂這個地名，在二千多年前已經有記載。波昂古早的城堡有過顯赫的聲譽，羅馬軍隊曾經駐守在此，留下豐富的文化遺跡，羅馬軍走後又被法恩肯軍侵佔，又幾度慘遭戰火的洗禮，可見它是一個飽經風霜的古城。

　　由市鎮巴高帝斯山開車到波昂城中，經過了一條馳名世界的街道，這街道叫做康拉德·阿登瑙，是我當年極為嚮往的一條街道。觀賞街道兩旁聳立著的無數高樓大廈，使人目不暇接，這兒是昔日聯邦政府辦公室、國會議會、那兒聯邦總理和總統舊辦公大樓，林林總總皆是當年政府機構。

　　在人們的記憶中，顯貴的官邸、有氣派的大使館、領事館等建築物都是20世紀的波昂城市地標。那兒可以看到穿梭其間的政府高級官員、世界各國外交人員、公務人員，衣冠楚楚。毫無疑問，波昂城市聚集了一群高薪有文化的國際名流，醞釀了重禮節重文化交流的風氣，也形成一個良好的政治氣候。與其他同樣大小的城市比較，波昂擁有歷史悠久的大學，還有十七所之多的高級人文中學，可看出波昂城市居民素質凌駕其上了。

　　自從東、西德統一，聯邦政府通過移都柏林後，星移鬥轉，人去樓空，波昂城失去四、五萬個工作職位，立即陷入一陣困頓，波昂市民做夢也沒想到，國家統一會帶來這個問題。據稱波昂早

Germany

在德國經濟衰退前，已經跌入不景氣的狀態中，讓人感嘆萬分。

地名和城市發展

回溯波昂城市地名，根據考古學家們的論述，烏比爾族（Ubiern）早在西元前30年左右來到萊茵河河畔居住下來。根據凱爾特（Kelte）語稱此地為「波昂那」（Bonna）。後來羅馬帝國的勢力延伸到此，波昂成為羅馬帝國的一大基地，用以對抗附近未被征服的地區。西元九世紀，羅馬帝國在一場攻打科隆城失敗後，把科隆一帶的大軍撤退到波昂那兒駐軍，無意中把默默無聞的地帶變成舉足輕重的堡壘，它不僅容納七千名士兵，日後發展到一萬居民，帶來了波昂文明與繁榮。

令人不可思議的是，波昂與最古老的和最受敬仰的基督文化息息相關。

在早期傳記中記載古羅馬特北軍團全是信仰基督，他們拒絕參與皇帝的祭神儀式，堅決反對迫害基督徒。他們的領導者是毛利提吾斯（Mauritius），後來，他不幸在瑞士的華利斯市鎮（Wallis）被殺死，跟隨他的人也遭遇厄運。

考古學家指出，同一個軍隊的卡斯武斯軍團（Cassius）和殉職道者佛仁提武斯（Florentius）均是死於波昂；而在科隆殉職道者哥利安（Gereon）和他的情人也被殺，在憲廷小鎮（Xanten）聖賢維多利（Victor）和他的同伴被殺。

根據發掘出來的資料，在四紀元時，人們在波昂建了紀念基督教殉道烈士的紀念所，在墳墓旁邊有一個小教堂，也是今日的大教堂，而這兒發展成今日的市中心。奇怪的是，文明的傳延是在這兒，而不是北部的羅馬駐軍地帶堡壘，這裡被後來法國人佔領，居民移居到古羅馬堡壘，稱它為波昂堡壘。

第四篇 德國文化之旅

145

波恩大教堂

　　到了中世紀初葉，最早發源地如居民住宅區（Villa Basilika）和市場區域（Oppidium Bonnense），已經逐漸擴大而形成波昂城市。然而，到了12世紀末竟是戰雲密佈，在1198年，「史道沸爾」的飛利蒲王放火燒波昂城；在1239年，亨利‧布拉本特侯爵（Herzog Heinrich von Brabant）攻殺波昂城後再度放火燒城。

　　直到1244年，康拉德主教（Konrad von Hochstaden）到了波恩建立他的勢力後，才興起建造城牆保護居民，這同時也鞏固了他在此城的勢力。原來他早在科隆就職時，便與其他主教們意見分歧，才在一個濃霧中的深夜悄悄離開科隆來到波昂。往後的日子，他和他的追隨者常在波昂的宮廷裡出入自如，並製造銀幣，上面印著「偉大的法龍那，你一定得到勝利的」，法龍那

（Verona）是波昂在中古時代的稱呼，顯示他在波昂的勢力。

從宗教改革時期至啟蒙時期，波昂城市經歷許多辛酸。波昂曾經發起三次宗教改革，前兩次都宣告失敗，到了1597年發動的第三次宗教改革時，甚至引起戰爭。

戰後成為西德首都

說到戰爭，波昂城市於兩次世界大戰時期中，遭遇和德國其他城市一樣的命運，飽經政治風霜，處處呈現經濟拮据。第一次大戰戰敗後，威廉二世退位，菲立士賽德曼宣告德意志共和國成立，隨之便是英國軍隊佔守波昂，到了1920年法國軍隊接管波昂。

之後，隨著納粹黨的掘起和戰敗，波昂城市也浮沉於戰事洪流。

一直到第二次大戰後，波昂才搖身一變成為首都，其中有一段重要內幕。第二次大戰後，身為戰敗國被盟軍分割統領，俄軍控制柏林，原首都頓時陷於囹圄和被分割的狀態。東半部由俄軍管轄，西半部由英美法管領，聯邦政府不得不挑選一個取代柏林的首都。當時競選成為共和國首都的有四個城市：卡塞勒市、波昂、法蘭克福和斯圖佳特。最後考慮的只有波昂和法蘭克福這兩個城市。

當時被看好的法蘭克福城，是在二戰前僅次於柏林的金融中心的大城市，並具有特殊歷史地位，在16-19世紀末期間，曾經是選舉及加冕皇帝的所在地；相較之下，波昂則是一個位於萊茵河西岸的幽靜小城，雖有大學城的浪漫與風雅，但欠缺首都城市應有的規模。

然而，當時擔任制憲議會主席的康拉德・阿登瑙（Adenauer），用盡他個人聲望爭取波昂被選為西德首都，他強調在地緣因素

第四篇　德國文化之旅

上，建首都於波恩，可破滅法國取得萊茵河西岸為領地的美夢，並指出法蘭克福太靠近邊界，有被俄軍侵佔的危險。

最重要的是，他在制憲議會投票表決前和英國協商成功，英政府下承諾，若波昂被選為首都，則立即下令撤除當地駐軍，當時駐守波昂的比利時軍隊，乃要聽命於英軍，對此協定亦無異議。1947年，牛津（Oxford）和波昂結為姐妹城。而相對來說，當時駐守法蘭克福的美軍則不願提出相等的條件，這無疑加強了波昂成為首都的可能性。此外，他運用手段，使原本贊同法蘭克福為首都的本黨議員棄邦從黨。結果在1949年5月10日的「制憲議會」中，波昂以33票對29票領先，決定了「首都臨時移遷至波昂」。

當柏林被隔離且分割之際，而德國國內「反帝國首都柏林風潮」又轉弱時，他再次強調波昂作為首都的臨時性，他認為若讓法蘭克福作為首都，這極可能成為永久首都，完全替代柏林。在1949年11月3日時國會表決時，法蘭克福以176票對200票選敗，終於決定了波昂為西德首都。

統一後的波昂

1999年，聯邦政府和議會正式遷離波昂，五十年首都的歷史劃下一個句點。北萊茵西法倫邦和聯邦政府提供15億歐元，支援波昂捲土重來，期待往後的波昂走出自己的路子來，並成為一個擁有聯合國城、國際會議城、民間團體城和科技中心的城市，作出更大的貢獻。

目前，波昂積極推動文化和旅遊事業是有目共睹的。自1998年起每年都舉辦貝多芬音樂節日，希望把城市原有的文化資源發揚光大。這裡值得一提出的是，貝多芬生前常到目前捷克西

Germany

部的波希米亞（Bohemia）旅遊，也因此對當地的音樂起了很大的影響作用。2004年正逢捷克名作曲家李歐斯・亞納冊克（Leos Janacek）的150生誕年，和安東寧・得渥拉克Antonin Dvorak的100逝世紀念日，波昂特別推出連續四年以波希米亞文化為主題的音樂演奏會，以完成貝多芬生前文化交流的心願。

　　即使時代變遷，波昂的美麗市容和文化氣息猶存，波昂還是充滿魅力的，讓人由衷地祝福它，永遠的波昂！

貝多芬音樂廳前的貝多芬雕像

第四篇　德國文化之旅

149

走訪詩人席勒的故鄉

席勒塑像

在席勒山丘公園中的紀念銅像

　　變幻多端的春初，一連幾天陰天暗地吹北風，讓院中禿枯的樹木一直顫抖。還寒風凜凜時，我的心思早就在遠方的路上。

　　2005年適逢德國文學巨匠席勒（Schiller）200年冥誕，紀念詩人風範乃是文字殿堂裡不可忽視的盛事，不僅媒體大幅報導詩人生平、名句、詩抄，各大城市劇場更是紛紛推出詩人經典之《強盜》、《陰謀與愛情》、《華倫斯坦》、《威廉·泰爾》等歌劇作品，席勒熱潮顯然已經掀起。

　　終於為自己找到一個理直氣壯的出遊理由，而「找尋詩人足跡」的意念變成了義不容辭的壯舉。

　　五月初，趁著外子出差之便順道一遊內喀爾河，圓了我日思夜夢的朝聖之旅。車子順著鄉間公路飛馳，路旁兩邊風景匆匆掠過，恰是我的席勒熱潮和童年出遊的錯綜。腦海中不斷浮現出一個夢幻的清麗山牆屋，那是一幅美麗的圖畫：我彷彿走入了德國

Germany

文學的叢林裡，那裡有綠水流泉和詩人脈搏的跳動、蓋世的才華與及意志彌堅的文學創作，每一瓢河水皆溢滿著智慧，每一寸泥土都醞釀著文學的花香。

童年的我，與眾多兄弟姐妹和為數不少的親戚同住一屋簷下，每日作息和其他家庭成員分不開，習慣於大家族喧鬧的生活。父親對於這種缺乏空間的家園說不上喜歡或不喜歡，但是每次一談到湖光山色，他臉上總是流露異彩，旅行顯然是他對海闊天空的另種追求。記得在我六、七歲時，有一次天還沒亮，父親就把我叫醒，問我要不要到海邊玩。當時還在睡夢中的我，一聽到「海邊」二字就睡意全消，迅速起床洗刷去。真不可思議，曾幾何時海水、細沙、浪潮已在我幼小的心靈中發酵了。

車子在路上飛馳，窗外掠過一幅滔滔水流的畫面，我還措手不及去觀賞，瞬間即被密林濃蔭掩蓋了。看到靈秀的河川，就好像觸摸到城市的靈魂，叫人能不為之震撼，為之奔騰？

車子愈接近內喀爾河，愈感覺到河水波濤起伏，視野愈能透射詩人故鄉的人文生態。

提到內喀爾河就聯想到美麗的海德堡、羅騰堡、斯圖加特、堤賓根等名城，來自各地的觀光客總是沉迷於光彩亮麗的大城市，往往忽視了隨處綠意盎然波光粼粼的小城風光。這次走訪小城瑪巴哈Marbach，雖說受了詩人的呼喚而來，然也執意為絲絲縷縷地捕捉春天的璀璨而來。

長達367公里的內喀爾河源於德國南部史汶寧根（Schwenningen），蜿蜒北行，在曼海姆（Mannheim）浩浩蕩蕩地和萊茵河匯合。沿河流域共有13958平方公里，孕育無數肥沃地帶，大片大片的葡萄園在陽光照射下成為河畔迷人的風景區。

算起來，內喀爾河比起萊茵河和多瑙河都要來得年輕。古老時代的凱爾特人稱內喀爾河為兇猛之水，經過一萬年後，終於被

人們克服了。感謝先賢的治水功勞，今日才能見到一片祥和的面貌。由於河水暢流，內喀爾河稱得上是德國巴登符騰堡州重要水道，貨船、遊船可以從波火新根城（Pfochingen）到曼海姆城航行，加上河水勢洶湧，沿河建造了不少發電廠。

內喀爾河素有「德國詩人的搖籃」之美譽。

當年名噪一時的浪漫派史華本詩社就是一例：他們淡泊名利，作風隱逸放浪，聯手辦詩刊，留下不少家喻戶曉的民間詩句。戲劇作家海因里思·馮·凱拉斯特Heinrich von Kleist（1777-1811）的名劇《海勒波恩城的女孩》把內喀爾河畔的名城海勒波恩帶入文學的銀河；還有在德國文學上深具影響力的詩人荷爾德林（1770-1843），他的詩篇〈海德堡頌歌〉字裡行間流露出詩人豐富的情感，引人入勝。

午後，陽光灑了一地，我們在金黃色的燦然下漫步於瑪巴哈城的葡萄酒街上。葡萄酒街原是古時農民種植葡萄樹之處，家家戶戶沿著內喀爾河畔架著葡萄架。每年，當春天乘著蝴蝶的彩翼來到河畔時，葡萄樹就伸出嫩嫩的枝椏，以一種美麗的姿態向外蔓延。

在春風陪伴下，眾多的仰慕者來到席勒故居前。映入眼簾的是樸實的木架屋，以及富有創意的幾何裝飾圖。我感到異常舒適，驚訝房子的外觀如此完整如此美輪美奐，竟和1817年的風景畫一模一樣，想必是1965年為了追求原貌，而經過一番刻意整理修飾的吧？細看之下，原來大門設在屋子側邊，不像是豪門之戶，木架屋的樓上原是一家四口居住的地方，訪客可以看到一些極有趣味的文物，如信件、小帽和裝置在玻璃裡的詩人頭髮。無庸置疑，於1905年開放的詩人故居，成為後世追憶詩人出生地原址。

跨入門檻，宛若時光倒流，我們走入詩人支離破碎的童年記憶。

Germany

　　席勒的父親是一個經常隨軍出征的小軍官，小家碧玉出身的母親則是麵包師傅的女兒。那年冬天，在她生下小席勒兩周後丈夫便出門遠征了，她像許多士兵的妻子一樣必須挑起家務和養育子女的重擔。我腦海中不禁浮現一位清秀少婦的身影，她手抱著出生不久的小嬰兒，看著嬰兒可愛的臉龐，流露出無限的愛憐。她怎知懷中的孩兒以後是家喻戶曉的戲劇文學家？又怎知他一生走上漂泊的路呢？

　　有人說，他漂泊的心境和幼年缺乏安定的家園有關。那年小席勒才不過四歲而已，父親被調職為徵募軍官，因而舉家移居到哥曼得小鎮（Gmuend），之後因為付不起昂貴租金又搬到羅爾哈小鎮（Lorch）。原來，他父親在當徵募軍官三年中，並沒獲得任何薪金，造成家境一貧如洗。由於物質生活實在太貧瘠了，一家人不得不靠種植果樹維生，漫漫歲月，蘋果、梨子等已深植在詩人記憶深處，成為他生命中不可分割的一部分……

　　記得大文豪歌德談及席勒生活的一個小故事：「那些空氣，對席勒來說是一種舒適的氣味，但是在我來看可真是有毒之氣！有一次，席勒不在家時，我在他書桌旁坐下，但是我不能久坐，一陣令人嘔吐的氣味使我幾乎要昏厥，後來才知道這個怪味道是從我旁邊書桌的抽屜發出來的，我拉開抽屜看，讓我驚異不已，裡面通通是腐臭掉的蘋果！後來，席勒的太太告訴我，沒有這種氣味席勒既不能生活也不能工作的，所以書桌的抽屜要時常放置一些爛蘋果！」

　　何等的鄉愁！何等的無奈！詩人已往，解讀席勒的一生，喚起我對人世浮游的唭嘆。

　　走出詩人故居，只見街上人影憧憧。引人注目的街頭藝人，藉著特有的樓房實物為舞臺，身著古色古香之服飾生動地演出詩人的一生。舞臺是這樣地真實，故事是這樣地扣人心弦，難怪他

席勒的故居

們贏得熱烈的掌聲。

　　我們沿著一條蜿蜒曲折的小道向上走，置身於滿山遍野的蔥綠中，不遠處屹立一座白色的席勒國家博物館。那兒收集不少紀念詩人的文物，是個豐富的文獻資料庫，文學愛好者之必訪之處。

　　在此再次探究詩人一生血淚交織的經歷。

　　本來立志研讀神學的他，在14歲那年被強制進入歐根公爵設立的軍事學校就讀醫科。畢業後由於醉心於文學，一邊行醫一邊從事創作。1782年劇本《強盜》在公爵管制之外的曼海姆城成功上演，成為廣受矚目的劇壇作家。但席勒私自離開公國，在曼海姆親臨劇場，因而遭公爵禁錮。正如劇本《強盜》標榜的抗暴精神，席勒要做全球的居民，不願只效忠於一個候爵。他逃離公國後過著飄流的生活。第二齣劇本《陰謀與愛情》更是為之轟動，不朽的愛情故事與絕不與強權妥協的精神，讓後人歌頌不已。

　　翻開手中一冊席勒詩集，熟悉的句子從紙上躍了出來：

Germany

席勒資料館

德國文學資料館

人生中為你而設了兩條路，
第一道路帶你到理想的國度，另一道則領你至死路。
把握你還可以逃脫到第一道路的自由，
在命運強迫你走上另一條路之前。

（出自於席勒〈理想的自由〉）

這是詩人畢生追求的「理想主義的自由」，這更是他反社會的激情。

　　在現實，他是一位棄醫從文靠稿費生活的作家，當時他抱著很大的希望到威瑪發展，卻屢遭挫折，只得靠著賣文章過生活。他寫故事又研究歷史，兼任寫、編、翻譯及出版等工作，最後在耶那（Jena）大學謀得教授一職來糊口。

　　1794-1805年是他創作的高峰時期，這段時間的作品讓他在文學史上，立下舉足輕重不可動搖的地位。才47歲的他正在事業顛峰，沒想到病魔纏身，還來不及享受輝煌成就，驟然離開人間。

　　勾著另一半的手走在熱鬧的徒步區，城內盡是古色古香的木架房舍，高塔在昔日為警戒之用的瞭望臺，是輝煌的象徵、文明的起點。徘徊在古老的中世紀城門下，驀然感到好不飢餓，原來已經午後兩點了，想起德國朋友大力推薦的鄉土小食：「到內喀爾沿河流域一遊，記得要吃大塊洋式餃子喝葡萄酒啃八字形烘餅，不然，將有虛有此行之嘆！」

　　小城瑪巴哈有一家名叫「公牛」的餐館，歷史悠久，店中「德式餃子」很是地道，招牌菜有「德式湯餃」、煎烤「火腿餃」等，價錢也極公道。德式餃子是具有史魏必斯地區一帶風味的佳餚，餃皮用雞蛋、麵粉製作和餛飩皮略為相似，不同的是加上橄欖油和一點鹽，麵皮較厚，餡也較多，色澤鮮潤。我在國外吃德式餃子，感到很新穎，卻又對情有獨鐘的家鄉菜餡無法忘懷。

　　一進餐館，又累又渴，趕緊點一些飲料，一壺熱呼呼的香咖啡，加上濃濃的牛奶和一匙糖，一口一口細細品味，我沉溺於咖啡的魅力中。可知道寫作中的席勒時常廢寢忘食，卻又嗜咖啡成癖？想知道一杯咖啡能激發多少文思多少睿智的雋語？

　　咖啡，香氣四溢，讓我們以咖啡與席勒交談！

沃爾普斯韋德藝術村

　　一年四季有著不同景觀的沼澤地沃爾普斯韋德（Worpswede），位於德北「魔鬼沼澤」（Teufelsmoor）之中的哈默河（Hamme）低地的一個下薩克小村莊，離布萊梅市不過25公里。順著平坦的公路遠遠看去，處處鬱鬱蔥蔥的灌木，幽雅別緻的農舍和草原上低頭吃草的羊群，散發出一種不經意的自然美，彷彿似曾相識的潑墨山水，讓來到這兒漫遊的您，不禁迂迴於其中。

沃爾普斯韋德藝術村的由來

　　125年前，幾位年輕的畫家帶著他們的夢想來到這個小村莊，透過他們獨特的線條、油彩、雕塑、建築理念改變了這個荒涼小村莊的傳奇命運，成為了今日揚名全世界的沃爾普斯韋德畫派藝術村。

　　他們當中最早發現「沃爾普斯韋德」的要算弗裡茨・馬肯森（Fritz Mackensen）。

　　話說當年，他還是為在杜塞道夫皇家藝術學院就讀的學生，卻沒想到因為邂逅一位叫咪咪・史托特（Mimi Stolte）的女友而改變了他的一生。原來在第一次造訪女友時，就深深被那片沼澤地所吸引，從此便開始沉浸在田園氛圍中，他經常帶著畫筆到小村莊來，儘管在很多人眼底下，那只不過一片荒涼的小小村莊，在他後來的回憶中，宣稱他最好的作品就是在那個時期完成的。

　　他就讀的皇家學院不但擁有悠久的歷史，而且屬於德國最有名望的高等藝術學府之一。追溯到皇家藝術學院最初的成立，要從18世紀法爾次地區的一位卡爾・特奧多爾的侯爵說起，他為了提倡藝術專業化，於1773年興辦了一所綜合繪畫、雕刻和建築的藝術學院，到1819年才移址到萊茵區來，成為杜塞道夫皇家藝術學院。

第四篇　德國文化之旅

157

樺木園Barkenhof是由海恩里希・福格勒改建的藝術村大本營

　　然而，作為高名望學府學生的他，對於藝術的追求有自己的看法。1884年，弗裡茨・馬肯森毫不遲疑地寫信給學弟奧托・莫德索恩（Otto Modersohn）分享他在這小村莊作畫的樂趣。1889年夏天，奧托・莫德索恩和漢斯・安・恩格德（Hans am Ende）也隨著到沃爾普斯韋德造訪，發現了這兒獨特的風光給予了他們太多作畫的元素了，不管風和日暖中的青草、河流、樺樹或暴風驟雨中沼澤原野，皆是入畫最好的素材，這小村莊不僅是心靈休憩片刻的地方，也是真正孕育藝術家的搖籃。

　　帶著濃厚草根味的奧托・莫德索恩建議大家留在這小村莊不走了，就這樣他們三人便留在這僻遠的沼澤之地居住了。

　　1891年，弗裡茨・奧韋爾貝克（Fritz Overbecker）和海恩里希・福格勒（Heinrich Vogeler）也加入他們的隊伍。不多久，一些厭倦了冷漠城市生活的畫家也慕名而至，於是一個與「崇尚自由主義」的巴比松藝術村類似的沃爾普斯韋德畫派遂漸成形了。

　　1894年，他們正式成立沃爾普斯韋德藝術家協會。一年後，他們在鄰城布萊梅美術館展示會員作品，只可惜出師不利，草草

Germany

史路之屋

收場。同年，他們又鼓足勇氣參加慕尼黑美術館展，這回跌破眼鏡，他們得到肯定了，弗裡茨・馬肯森的作品〈在沼澤地的彌撒〉得了獎；慕尼黑美術館買了一幅奧托・莫德索恩「沼澤地的暴風雨」的畫。這群有實力的沃爾普斯韋德藝術家，終於能嶄露頭角揚眉吐氣了！

　　然而，由於鑑賞力的不同，一些負面的、嫉妒的和激烈的評語隨之而起。這些攻擊者認為，突然來了五個無名的畫家，沒有人知道他們從那個地方來的，怎麼就可以得到最好的大廳來陳列他們的作品，並把沃爾普斯韋德藝術家稱為「醜陋的一群」。

　　有趣的是，沃爾普斯韋德這個小村莊愈受人喜愛了。1897年來了一些女學生拜弗裡茨・奧韋爾貝克為師學起繪畫來，不但培養了出色的女畫家波拉・碧加（Paula Becker）、瑪麗・柏克（Marie Bock）、奧蒂莉・黎連恩德（Ottilie Reylaender）和女雕塑家卡拉・威斯霍夫（Clara Westhoff），還促成了幾對佳偶步入紅毯，成為姻緣佳話，就1901年來說就有三對新人：奧托・莫德索恩和才女波拉・碧加結為夫妻，海恩里希・福格勒和瑪爾塔・

第四篇　德國文化之旅

史烈德（Martha Schraeder），詩人裡勒克（Rainer Maria Rilke）
和卡拉‧威斯霍夫。

沃爾普斯韋德四大寶藏

　　小村莊博物館為了積極營造地方藝術特色，今年大力推出巴
肯霍夫大院、史路之屋、大藝術展館和沃爾普斯韋德藝術館四大
寶藏的展覽。既然是藝術村的訪客，您當然不能錯過去挖掘它。

　　要介紹的第一個寶藏是巴肯霍夫大院，它原本僅是一個普通
的農場，1895年海恩里希‧福格勒買下後便著手改建成為一幢19
世紀末的「現代」建築風格的房子，這兒設有畫家個人的住所、
工作坊和他精心設計的大花園，正巧和漢斯‧安‧恩格德（Hans
am Ende）成了鄰居。巴肯霍夫大院很快地成為畫家和文人聚集
的場所和藝術史中不可忽視的一個地理標誌，他著名的一幅油畫
〈巴肯霍夫大院仲夏之夜〉就是最好的詮釋。多才多藝的海恩里
希‧福格勒隨後也很快地名聲大振，成為沃爾普斯韋德畫派的中
心人物，值得一提的是，〈沼澤地特快車火車站〉也是他在1910
年設計和建造的。

　　第二個寶藏是史路之屋。瑪爾塔是海恩里希‧福格勒第一任
妻子，他們在1894年認識，1901年不顧雙方家長之反對而結婚。
瑪爾塔經常在海恩里希‧福格勒的作品出現，她優美的神態給人
一個深刻印象。可惜當瑪爾塔開始投入手工藝壇時，婚姻卻亮了
紅燈。1920年在海恩里希‧福格勒加入共產主義和積極活動之
際，她帶了三個女兒搬到史路之屋去，結束19年的婚姻。史路之
屋成了現在的展館，目前有三幢房屋：一幢是瑪爾塔之屋，一幢
是紡織手工藝之屋，還有一幢小民房。

　　第三個寶藏是大藝術展館，此展館是由建築師伯恩哈德‧何

Germany

埃格爾（Bernhard Hoetger）於1924-1927年間設計和建造，館內除了展示沃爾普斯韋德畫派的作品外，還利用展館前的優美環境舉辦多項定期的戶外展覽和文藝活動。它最大的特色便是將藝術融入生活中，例如於2011年秋天，Stefan Szczesny在展館前的樹林中展出的他的輪廓鋼影作品，訪客行走其間，無不被那一片生動的平面鋼雕所吸引。藝術配上的新鮮空氣，增加了曠野之美。

大藝術展館旁邊的一座咖啡屋，是1925年由建築師Bernhard Hoetger設計和建造，也是沃爾普斯韋德「表現主義」的代表作。當時這一個「不照常規的建築物」被的居民譏嘲為「瘋狂的咖啡屋」，現在看來，它正面以黑木材劃分成幾何圖形大玻璃窗和人字形的屋頂卻最耐人尋味。

第四個寶藏要算1919建的沃爾普斯韋德藝術館，它屬於私人企業，是小城歷史最悠久的畫廊，不但展示畫展同時也銷售畫，當年初來小村莊發展的畫家，都靠把自己的作品賣給這個畫廊維生。

2012年是「海恩里希·福格勒」熱，為了紀念他70年逝世週年和140生辰週年，所以四大展館皆以「海恩里希·福格勒」為主題介紹他的生平和展出他的作品。

除了四大寶藏外，沃爾普斯韋德畫派的創會會員的舊居也是藝術村充滿特色的風景線，例如奧托·莫德索恩和波拉·碧加舊居和弗裡茨·馬肯森舊居等。

韋爾山丘上的乳酪鐘小屋

從藝術村旅遊詢問處走出來，向左拐就是菩提樹路，路旁盡是蔥綠樹木，八月的嵐風迎面徐徐而來，彷彿又一次地牽引了漫遊者的腳步，來到空氣格外新鮮的一片綠。瞬間，旅行的疲勞就消失蹤影了，難到這一道硬撞進來的風景有著這麼神奇的力量，

令人精神煥發起來，這兒真不愧是一個踏青的好地方，我不自覺地大步開潤往前走。

沿著菩提樹路走，發現隱藏在綠野中不少雅致之屋，打從庭園到房屋，處處就洋溢一種尚崇大自然的建築風格，給人的印象是這裡的居民對住的藝術有滿腔熱忱，這片土地融合了真實的生活與景觀式庭園為一體。這些雅致之屋似是自我流放與世無爭，且又似是精湛藝術品那般，悄悄地展出他們的優雅姿態來，佇候著知音者的敬賞。

原來在這裡住了不少藝術家，難怪周遭景色顯得那麼雅緻，踩踏其間，可以覷視他們揮灑自如的世外桃源。

踏著前人的步子來到1926年建的鐘形小屋前，小屋雖隱敝，還是能找到它，因為它有趣的圓形屋頂和它的四方形窗框很快被認出來，在德國人眼中，它就像有洞洞的「乳酪」做的鐘形小屋，所以就稱之為「乳酪鐘屋」，細看之下，不僅鐘屋本身是用松木蓋成的，還有充滿木質氣息的木牆、木地板、木樓梯、木傢俱，屋裡讓人感到出乎意料之外的寬敞舒暢。

屋外有一堵叫「盲腸」圍牆，它是把一些紅磚、粹石砌築而成，乍看之下，它是一堵「廢物利用」的圍牆而已。然而，樸實無華中卻含有幾分藝術的味道在內，這不由人不佩服屋主的想像空間了。

腦海中仍存著一個疑問，當時的屋主是一位叫埃爾溫‧克內曼（Erwin Koenemann）的作家，怎會建造這樣夢幻的小屋呢？

原來，「乳酪鐘屋」的原設計者是建築師不諾‧濤茲。他曾於1914年，在科隆工廠聯會展覽會上展示了一間「玻璃圓頂的木屋」，本是為了給馬格德堡市政廳設計一個貴賓接待室，可惜馬格德堡市卻沒敢建造在那個年代既時尚難度又頗高的「玻璃圓頂的木屋」。1921年「玻璃圓頂的木屋」的藍本在「晨光」雜

誌（Fruehlicht）刊登出來。這個藍本一定深深地感動了這位作家，5年後，他在當年仍是頗偏僻的韋爾山丘上建造一個家園，這個家雖然沒有用玻璃做圓頂，卻讓他和他的妻子成為了「乳酪鐘屋」的屋主。

1960年作家去世了，留下他妻子獨自居住到1980年也逝去，「乳酪鐘屋」由「沃爾普斯韋德之友」協會接管，2001年「乳酪鐘屋」以紀念沃爾普斯韋德村文化遺產之名開放給大眾參觀，為沃爾普斯韋德藝術村增添不少臆想。

要發現「乳酪鐘屋」屋主更多的祕密，可以繞到旁邊的院子尋寶，在那兒有一間極別緻的小小花園屋，看來屋主經常在此找尋他寫作的靈感。小花園屋是尖三角形狀的，和圓形的乳酪鐘屋是截然不同，搭成人字的兩條粗壯木樁是點綴也是支撐屋頂的樑木，散發著道地的草根味，十分觸目。

離開「乳酪鐘屋」，心靈深處不知不覺的多了一片清涼風景，而沃爾普斯韋德藝術村是那麼讓人難忘，它是愛好大自然者永遠的誘惑。

屋主經常在此找尋他寫作的靈感

第四篇　德國文化之旅

163

畫家奧托・莫德索恩其人其事

　　初訪布萊梅市，朋友告訴我附近有兩座莫德索恩博物館，和很多到這裡做客的一樣，我馬上對它感到興趣。原來所謂兩座莫德索恩博物館是指一座是萊梅市郊區的漁人牧場（Fischerhude）畫家奧托・莫德索恩紀念館（Otto Modersohn，1865-1943），另一座則在布萊梅城內的著名的貝特夏街（Boettcherstrasse）上，紀念他第二任妻子女畫家寶菈・貝克（Paula Modersohn-Becker，1876-1907）的畫廊，這也是全世界最早收藏女性藝術家作品的博物館。

　　女畫家寶菈名聲雖然響亮，我還是選擇了先參觀畫家的畫廊，也許漁人牧場這個地方給我太多的遐想吧。

　　漁人牧場小村原是一片沼澤地，離布萊梅市不過27公里，由於景色宜人，吸引不少旅客到此一遊，我到達小村那個早上，空氣中瀰漫著輕霧，只見鄉間小路兩排白皮樺樹，若隱若現點綴著暗灰瀝青路，早起的居民已經在農場裡忙碌，此時的漁人牧場宛如一塊沒有塵囂的淨土，從不受外界所干擾。我沿著綠樹水灣漫步，凝望著那在河岸邊的水車，徜徉河岸風情，臆想一百多年前莫德索恩初臨漁人牧場時，是否那一汪清澈河水，那一掬清泉在手也帶給他無限的喜悅。

　　在這小村裡，不管在河岸邊散步或騎腳踏車環著整條村子郊遊，或在幽雅的咖啡屋裡和最想念的朋友一塊品嚐糕點，都是消磨週末的好地方。

　　當然，莫德索恩博物館更是小村的一大亮點。一位村民告訴我，若從村口步行到博物館約要20分鐘就到，這個距離不算遠，正好讓我邊走邊好好呼吸田野的新鮮空氣。

　　有時候，健行與尋訪是最好的結合，是令人快樂的，特別是博物館出現在眼前的時刻。我細看之下，莫德索恩博物館原是由三間木架屋組成的陳列室，樸實的建築風格正好搭配了畫家愛好大自然的畫風。

Germany

　　奧托・莫德索恩原是德國19世紀最有鄉土風味的山水畫家。出生於德國北萊茵威斯法倫州（Westfalen）的蘇斯特（Soest）。1874年隨父母遷移至明斯特爾（Muenster）居住，1884那年就讀杜塞道夫藝術學院，隔了3年他卻背叛了學術主義回歸大自然。

　　〈蘇斯特的稻草堆〉（Korndieme bei Soest）是莫德索恩1880年的作品，斧鑿痕跡極是明顯。畫面展現的是一片無邊無際的田野，四周幽寂無人影，灰藍的天映照著一片讓野孩子一見就想在那兒打滾的草地，沒有綺麗的身影，只有一隻在金黃禾稈堆旁低頭吃草的老牛。

　　1889年他和一些志同道合的朋友，在離布萊梅城不過25公里的小鄉鎮沃爾普斯爾韋德（Worpsweder）聚集，共同組成一個畫藝協會。他們不僅為世人留下了無數鄉土味的風景畫，藝術家聚居作畫也便蔚為風潮，當時響往田園生活的畫家和製造畫框的工匠也紛至沓來，沃爾普斯爾韋德鎮也因此得了「藝術家之營地」的美譽，成為德國19世紀藝術史上不可忽視的一頁。

　　然而，沃爾普斯爾韋德畫派不為當時藝術評論家所看好。他們粗獷的線條、暗沉沉的色調與超現實主義的意象正向世人作出挑戰。

　　1895年對沃爾普斯爾韋德畫派來說是一個轉捩期，也就是在慕尼黑舉辦了二次畫展的時候，莫德索恩1895年的畫〈魔鬼沼澤的風暴〉（Sturm im Teufelsmoor）被慕尼黑新美術館Neuen Pinakothek收購和珍藏了，而他的朋友們也獲得多項獎狀，人們再不稱呼他們為醜陋的信徒了，他們的作品真正才脫離了被排斥和受攻擊的狀態。他們成功的關鍵，追根究底是來自對鄉土的熱愛。

　　在莫德索恩眼底中，鄉土無非就是一個與生活息息相關的沼澤地，盛裝人們的憧憬、情感、思維和記憶。弗裡茨・麥可生（Fritz Mackensen）是畫藝協會創辦者之一，他曾這樣描繪過這

漁人牧場的莫德索恩博物館

個沼澤地：日落時分，彩雲輝照，映入眼簾的是幽靜的曠野，金黃的麥田，荒涼收割後的田地，一帆小舟隨風而行。

　　奧托・莫德索恩初期的作品是受法國印象主義學派的影響，這種所謂Pleinar Malerei印象主義的風格，實質上包含了Barbizon學派的風格又承繼了17世紀的荷蘭畫藝風格，造形清晰，結構穩重和顏色鮮明。1896年他和另一位畫友發現了風景怡人的漁人牧場，離沃爾普斯爾韋德小鄉鎮不遠，沒想到他在十二年後移居到這小鄉。莫德索恩承認其作畫風格，深受法國畫家道比尼（Daubigny）、米勒（Miller）和歌路（Corot）的影響。

　　他筆下不盡是秀麗明媚的山水，而是穩沉平實，隱約還夾著憂鬱的氣氛，這也許和他經歷過兩次喪妻之苦有關吧！

　　畫家32歲那年和海倫・施羅德（Helene Schroeder）結婚。次年，女兒的出世帶給他莫大的喜悅。這時他的經濟情況不錯，毅然買下在沃爾普斯爾韋德鄉鎮的小屋，給了妻女一個溫馨的家，可惜好景不常，兩年之後妻子海倫便香消玉殞，這小屋後來也成為博物館。

Germany

莫德索恩的畫

　　1898年他離開了畫藝協會，開始與海因裡希・福格勒
（Heinrich Vogeler）交往，值得一提的是，多才多藝的福格勒後
來成為畫藝協會的中心人物。

　　同年，女學生寶菈・貝克（Paula Becker）加入了畫藝協會。
1900年初露鋒芒的寶菈和卡菈・韋斯特賀夫（Clara Westhoff）在
巴黎開畫展。沒多久莫德索恩和奧韋爾貝克（Overbeck）也跟隨
著前往參展，此行不但拓展了莫德索恩個人視野，吸收很多新觀
念，最可貴的是，他和寶菈的愛苗由此萌生了。

　　這些日子裡，莫德索恩看著寶菈的成長，由一個學藝的女學
生變成一位知名的女畫家，莫德索恩非常欣賞她的才華，他讚美
她對自然界有獨特的審美觀念，他說走入她畫中的世界宛如走入
一片淨土中。莫德索恩認為作畫時不應刻意製造氣氛，不應矯揉
做作，更不應在畫中摹寫任何畫意之外的事物。對此，寶菈・貝
克說得更恰好：「在畫中想到大自然，在大自然中想到畫。」

　　被公認為畫藝才女的寶菈於1901和莫德索恩結成夫妻。1907
年她再度遊學巴黎找尋更高的藝術典範；莫德索恩悄後也跟著去

找尋他的靈感泉源。同年寶菈誕生一女兒，不久卻因她長期奔波勞累身體虛弱而逝世。

話說1908年莫德索恩的第二任妻子寶菈去世後，便和他的朋友們因意見分歧而分道揚鑣。莫德索恩對沃爾普斯爾韋德小鎮已不再留戀，隨後意興闌珊地搬到漁人牧場居住。

隔年，畫家和露依舍‧貝爾林（Louise Breling）結婚，這又一次證明瞭莫德索恩的人格魅力。露依舍成為他第三任妻子後，為他生了兩個兒子，婚姻頗美滿。晚年喜愛在德國南部Allgaeu作畫，1930年買下一座農舍，春夏季節裡他總是醉心於秀麗明媚的風景，這種寄情於山水的情懷，類似中國與世無爭的田園詩人。他晚年創作量不減，在其畫下，更是大量描繪暮色、月光、下雪、水災、流水行雲等變化景象。可見他晚年已把個人的情趣完全灌注其中。

1943年他與世長辭，為了紀念這位脫穎而出的山水畫家，於1948年莫德索恩的兒子克裡斯帝安‧莫德索恩（Christian Modersohn）在Allgaeu開了一個畫廊，展示莫德索恩和第二任妻子寶菈的畫。1974年，漁人牧場的居民和莫德索恩的親人設立一博物館，讓人們觀賞畫家的畫和閱讀他的一生。

歐洲住的文化

生活中，除了金銀珠寶外，傢俱便是最昂貴的身外物。

古時候的歐洲，有錢人家在女兒出嫁時，會送她一個華麗的大箱子作為嫁妝，這個箱子不但陪伴著她一輩子過日子，還是她生命中的第一桶金，顯示出自己女家顯貴的身分。

一件精雕細琢的精品，往往一代傳一代，而傢俱背後的工藝技巧也一脈相承留芳後世。有人說一件古董的價值在於它製造的年代，愈古老愈值錢。有人認為主要還要看它的材質、風格和出身的鑑定，王侯將相留傳下的傢俱，多是出於名家之手，必定是價值連城。

現代新女性大部分都愛擁有金銀珠寶，甚少對傢俱特殊的鍾愛，或甚至產生一種迷戀的。可是在威茲拉，的確有女人視古董傢俱為她的命根，擁有愈多愈好。

每個威茲拉城的居民，都知道老城裡有一座「歐洲住的文化」博物館，在那兒展示了蓮莫斯‧丹佛女醫生（1892-1984）叫人愛不釋手的古老傢俱，也是老少的木匠必要朝聖的地方。

蓮莫斯‧丹佛女醫生的德文名字叫Imgard Lemmers Danforth，是一位傑出的傢俱收藏家。1892年生於德國北部的威廉港，是早年罕見的一位女醫學博士，36歲那年來到威茲拉城開業，她是一位勤奮的小兒科醫生，每有急症時她都會親自駕車到病人家出診。威茲拉居民至今還記得，女醫生日常喜歡穿著高領多層蕾絲花邊的白襯衫，像新娘禮服一般高雅。她渾身是活力，身體一向很健壯，直到75歲才停止行醫，享年92歲，她的敬業精神得到居民的愛戴。

她第一次買古董時是在1933年，那是一件很華貴很有氣派的漢堡大櫥櫃。和所有收藏家一樣，她開始只是買來裝飾自己家居而已，後來她對文藝復興和巴洛克時期的傢俱著迷了，於是連同陶瓷器、雕像、壁毯、吊燈、鐘座、花瓶、酒杯和獎杯等一件一

件地買回來。

　　很多居民回憶說，他們至今還記得女醫生診所的模樣，那簡直是滿屋都是古董傢俱，讓人幾乎窒息。又說，由於她沒結婚和家庭負擔，註定她要和傢俱結一輩子的緣。

　　說得不錯！一開始收集，她就停不了。直到有一天女醫生發現，她的診所和地下室都無法容納這些大量的寶物時，才向市政府提出捐贈之意。

　　到了今日，大家知道「收藏」是一項很有意義的事業。1967年，德國威茲拉市政府正式成立了一座「歐洲住的文化」博物館，館內展示的盡是女醫生巍峨華煥和具有高度藝術價值的傢俱。它宛如一顆永遠閃爍光芒的明珠，不斷地牽引人深入歐洲文藝復興和巴洛克時期的貴族家居生活。

　　博物館本是一間小宮殿，這座建築物是1740年建成的，館內共有16個房間，目前展出的約有500件。每個房間都照著女醫生的意思來陳列，大致是這樣分類的：樓下的有義大利式、法國式、荷蘭式和比利時式的文藝復興和巴洛克時期的文物；樓上有德國式和瑞士式，德語區的文藝復興和巴洛克時期的文物。

　　很多人問，為什麼女醫生只收藏文藝復興和巴洛克時期的這兩個時期的傢俱呢？作為一個收藏家，取與捨是一種學問，她對一件的收藏，往往是因為它內涵的美吸引了她。在她眼裡，文藝復興時代是傢俱藝術的開端，具有含蓄的美，到了巴洛克時期的華麗風格，傢俱藝術也隨之達到高峰了，其他如洛可哥的風格都不在她考慮的範圍。

　　而作為參觀者，觀賞往往是一種樂趣。當您發現一些櫃子內有祕室或藏起來的鑰匙洞的時候，您會有一種更美妙的感覺，彷彿您已洞察了歐洲古代人的隱私！

　　瀏覽「歐洲住的文化」博物館時，順著各個大廳的次序走，

會發現來自歐洲各地區的傢俱各有不同的風采，大致上可以分四類型：

充滿了文藝復興氣息的義大利廳

義大利傢俱可稱得上文藝復興風格的先驅，最能反映出早期的建築藝術，以義大利式的「柱子櫃」來說，柱子，既有撐頂作用又可作裝飾之用，在方寸間卻發揮得淋漓盡致。

在義大利廳入口右邊，一個16世紀中製造的櫥子，採用的是胡桃樹木材，只強調正面的裝飾，木材通常是整塊的，看來就是很堅實的樣子。同樣紮紮實實的還有圖書館大桌子和有靠背的長椅，給人很舒適的感覺。

在15世紀的箱子多是新娘的嫁妝，盛行的是有幾何圖形裝飾的箱子，材質上採用黃楊（Buchbaum），槭樹（Ahorn）紫檀（Palisander）。它們在構造上、取材上都是名家的精心設計，巧奪天工手藝令人嘆為觀止。

此外，從義大利廳中綠色沙石燒成的壁爐、鋪在地板上的大理石磚，到義大利廳最有代表性的家居寫字檯兼櫃子，皆充滿了文藝復興的氣息。

在法國廳聆聽亨利二世的戀愛故事

在法國廳中放置著一張綠白繽紛的遊戲桌，是一件出類拔萃的精品。遊戲桌上註明著1556年號，這是法國國王亨利二世Heinrich送給他的愛人戴安妮Diane de Potier的禮物，藉以表達對她的愛意。

宮廷中的戀愛故事，有時錯綜複雜，有時也纏綿悱惻。話

說聰穎美貌的戴安妮原是一位官吏夫人，國王亨利一世早愛慕戴安妮，乃藉故召伊入宮，引起其夫嫉妒。戴安妮以宮廷教師身分輔導亨利二世，後來亨利二世卻愛上這位比他大18歲的女教師，這段情十分戲劇化。在他登皇位後，出現一批註明著1547年號和「D」「W」傢俱，據說皆是亨利二世送給戴安妮的。這張外表高雅的遊戲桌，用象牙和貝殼作裝飾，桌上可玩西洋棋和Trick Track遊戲（一種雙方各有15枚棋子，擲骰子決定行棋格數的遊戲），這桌子後來落入德國法蘭克福的收藏家Mathilde von Rothschild手上，1949年經科隆藝術品貿易商轉賣給女醫生。

　　法國廳共有六個餐具櫃，皆出於布格君得（Burgund）、里昂（Lyon）地區。法國文藝復興傢俱非常華麗，並有三角牆裝飾和四季時節的浮雕。木材是用胡桃樹，浮雕包含了人像、花卉和動物。

　　著名的法國淺紅色餐具櫥（Dressoir）出自名廠Ile de France，是宮廷傢俱，特色是採用大理石來裝飾，別緻秀氣。

從荷蘭傢俱看荷蘭人的機智

　　荷蘭（Flandern）地區的傢俱特色，是選用與眾不同木材。

　　16世紀的荷蘭人在海航已經很發達，所以在商業與貿易上也先登一捷。荷蘭與東南亞商業往來密切，珍貴木材如黑檀、紫檀皆由荷蘭人從亞洲運回歐洲。當時的木材是非常昂貴，照重量來定價，以公斤為單位，一根柱子值多少錢，就要看它有多重。重量來定價，所以是非常貴重的。

　　屬於巴洛克早期的荷蘭的衣物櫥櫃，所謂衣物不只是衣服，還有毛巾、床單、被套、桌布等等。這裡可以見到名貴的黑檀木材裝飾，還有一個藏起來的鑰匙洞。

Germany

荷蘭商人不只進口亞洲的木材，還有進口很多東西，如茶葉、瓷器等。這裡見到女醫生收藏的五個花瓶，是清代康熙時製造的。到17世紀後中國限制瓷器出口，荷蘭人就找日本一間私營瓷器工廠為他們生產。據說，1660年秋天就有6艘大船載著71,000件瓷器離開日本的海港，可是只有11,530件運回荷蘭，原來大部分是運到阿拉伯去了。

另一組中國瓷器在樓上的北德廳可見到。由於中國和日本的瓷器很珍貴，歐洲人常覺得供不應求，所以就開始模仿中國製造瓷器的技術，荷蘭的名廠Delft曾經仿造過東亞瓷器。17世紀末期的盤子在1963年時買下。藍白的瓷磚是荷蘭的特產，暢銷歐洲，繁雜的花飾浮雕是文藝復興時期到巴洛克時期的轉型期，這裡看到的有製造的日期，買主和題詞。浮雕除了描繪花草大自然景色外還有宗教的故事和教義，所以，人們說：「一件名貴的傢俱是會說話的，它告訴我們有關人類文明的發展。」

在荷蘭的大戶人家喜愛在大廳內陳列著一個大衣櫥和一座大鐘。所以可以理解女醫生也收集了五座站立地上的大鐘，其中一座是阿姆斯特丹的名鐘，它不但有時、分、秒針，還有月、日和星期的指示針。上頭有大力士（Hercules）的雕像，兩旁吹奏仙樂的仙子，下麵有海航船隻的景色。鐘的外殼是木材，18世紀中製造。

多元化的德語區傢俱

德語區傢俱從16世紀末到17世紀初已經有不同的風格。比喻說1630年科隆的雙層名櫃子有繁多的浮雕，浮雕材料用橡樹、黃楊木材，帶有荷蘭風味。比它早40年科隆的大櫃子，是講究幾何圖形裝飾和鑲嵌細工的技巧，四個門的大櫃以宮殿和花卉為裝飾

的題材，帶有點義大利幾何圖形風格。

　　萊茵河一帶地區的手工藝以盛酒器取勝，德國人喜愛飲酒作樂，盛酒器為家居生活的藝術品。盛酒器的種類很多，琳瑯滿目，分別在於有蓋或沒蓋的、有柄或沒柄的、高長或圓筒的、甚至還有梨果形、窄頸形等酒杯。

　　南德的傢俱頗受義大利風格的影響，例如彩繪和嚴肅的柱子。在第一個南德廳內有紐倫堡（Nuernberg）、奧格斯堡（Augsburg）、和瑞士大櫥子，構造完美，實用美觀。例如紐倫堡的三層疊櫃子，有鐵手柄，在火警的時候，兩三人可以把櫃子抬走。

　　紐倫堡是歷史名城，在中世紀時已是非常繁華的政經文化城，當時的紐倫堡得天獨厚，在1219年已成為自治城市。由於市民勤於自我更生，加上工匠商賈紛至遝來，乃使它一躍而成為歐洲一大貿易中心。繼之，紐倫堡的科技和文化藝術等事業亦大發光芒，文藝復興的大畫家阿伯烈斯地‧迪勒（Albrecht Duerer）和大雕刻家施托斯（Veil Stoss）生逢其時，聲譽遠播。雖然兩位元大師的作品不在女醫生收集的「歐洲住的文化」系列中，可是，另一位文藝復興的紐倫堡大畫家叫格奧爾格‧彭茨（Georg Pencz），他的畫作〈尤娣和何羅輝尼斯的頭〉被收入珍藏。

　　除了紐倫堡之外，南德的奧格斯堡（Augsburg）也盛產精美傢俱。奧格斯堡在1276年擁有自治城市特權，隨之發展自由經濟，逐步登上歐洲貿易和金融中心。

　　15和16世紀是奧格斯堡的黃金時代，城中商賈無數，其中富格爾（Fugger）和韋勒塞爾（Welser）兩家族在經濟市場上最有影響力。當時的奧城腰纏萬貫的富商和貴族們，對住的藝術非常講究，於是大量華貴的鑲嵌櫥子出現於市場。女醫生收集了奧格斯堡三個大櫥，一用黑人頭裝飾的大櫥；另一櫥內用金絲浮花緞

Germany

紙包裝，並刻上年代和兩字母VB，經學者考察，VB是指貴族的姓氏（Von Belli）；還有一個外形嚴肅縲旋柱子大櫥，一個袖珍抽屜箱。

　　瑞士屬於德語區的國家，女醫生一共收集了三件傢俱，兩個雙層櫥子和一只箱子。箱子顯然是嫁妝，因為有註明其年份及題詞。雙層櫥子是17世紀中的產品，是女醫生在1966年時買下的。它是用胡桃樹和蘋果樹木材製造成的，上面有鑲嵌幾何圖形的花飾，四個門有連環圖，主題是描述一個失去而又復得的兒子。這故事敘述一個不務正業的逆子，給家人趕出家門，流浪他鄉。事隔多年，此子終於踏上歸途，所謂浪子回頭金不換，家人大喜出望，早就原諒了他的錯過，所以在重逢時，以酒席招待他，原以為失去的兒子，竟然能平安無恙回到家來。

　　抽屜櫃是一種藝術性高於實用價值的傢俱，它是巴洛克時期的產品。大廳內展示的七件袖珍型的抽屜櫃，皆在1650-1680年期間製造的。它既具有實用的功能和獨特的風格，令人愛不釋手。

　　「歐洲住的文化」博物館的精品太多，最令人難忘的是巍峨華煥的漢堡大櫥。櫥身高達2.65米，寬2.68米深1.03米，氣勢如虹。上有平頂下有圓球腳柱，正面強調徽章狀邊框深雕，用繁花人像景物作裝飾。漢堡自古以來，是名聞遐邇的國際貿易城市，漢堡大櫥自然也染上尊貴的氣派。除了漢堡大櫥外，異曲同工的還有盧碧克和但澤大櫥。

　　「歐洲住的文化」博物館是全德國收集最豐碩的貴族傢俱博物館，蓮莫斯‧丹佛女醫生也正因此先後得了三次榮譽獎，有興趣研究歐洲文化和傢俱的朋友，不妨來威茲拉一遊。

附錄：如何前往各大景點？

　　如果搭機來德國，大多數先抵達法蘭克福機場，下機後如果選擇搭火車的話，直接走到短程火車S-Bahn站，前往法蘭克福中央火車站，或到長途火車站搭火車前往各大小城市。不論是短程火車S-Bahn站或長途火車站Fernbahnhof都設有旅客服務中心，諮詢您的火車時間和購買車票。

　　您可以買一張黑森州票（Hessen Ticket），價錢只有33歐元，好處很多，可以五個人一起搭乘（包括可坐巴士、市區電車Strassenbahn、地鐵U-Bahn和短程火車S-Bahn），同日內可多次往返，早上九點後才可以使用「黑森州票」，週末和假日不受此限制，全日可使用。但須注意一點，使用黑森州票不可搭乘IC、EC、ICE等長程特快車，它的使用範圍只限於黑森州內，越州後便需另買火車票，或買該州的州票。

　　在交通方面，本書上所提及的景點幾乎都可搭火車抵達，大城市之間也可以搭飛機，近年更有連結城鎮的實惠客運，如Deutsche Touring GmbH的長途巴士Fernbus，通常都位於火車站附近的長途車站，只是在路上耗費的時間較多，會駕駛汽車並有國際駕駛執照的朋友，如果兩、三人結伴出遊，可以考慮自己租車遊德國。

《德國童話大路》相關旅遊景點資訊

　　從哈瑙延伸到布萊梅，長約600公里，有70多個和童話故事相關的城鎮，因為時間上的關係，可能無法一一探訪。因此本書在行程安排上，推薦格林兄弟地哈瑙城市（Hanau）、施泰瑙街道上（Steinau an der Strasse）、小紅帽的故鄉阿爾斯費爾特（Alsfeld）和家喻戶曉的「布萊梅音樂家」童話故事原鄉布萊梅城市。以下景點的相關資訊，以便您查詢及探訪。

哈瑙（http://www.hanau.de/tourismus/index.html）

哈瑙旅遊服務中心（Tourist-Information） 地址：Am Markt 14-18，63450 Hanau 電話：+49(0)6181295950 Email：stadtladen@hanau.de 服務時間：週一至四9:00-16:30，週五9:00-13:00，週六9:00-12:00
德國金飾博物館（Deutsches Goldschmiedehaus Hanau） 地址：Altstaedter Markt 6, 63450 Hanau 電話：+49(0)6181256556 開館時間：週二至週日11:00 - 17:00 交通資訊：在哈瑙中央火車站Hanau Hauptbahnhof乘坐2或7號公車至自由廣場Freiheitsplatz，然後步行3分 　　　　　鐘到舊市場Altstaedter Markt
菲力浦斯魯爾宮殿（Schloss Philippsruhe） 開放時間：星期二至日11:00 - 18:00 交通資訊：從哈瑙中央火車站乘5或10號公車至Schloss Philippsruhe 　　　　　或者在自由廣場Freiheitsplatz乘MKK 23號公車至Schloss Philippsruhe

在施泰瑙街道上（http://www.steinau.eu）

旅遊服務中心 地址：Brueder Grimm Strasse 70, 36396 Steinau an der Strasse 電話：+49(0)6663 96310 Email：verkehrsbuero@steinau.de
格林兄弟舊居 Email：brueder-grimm-haus@steinau.de 門票：成人6 €；團體15人以上每人 4 €
施泰瑙城堡 網址：http://schloesser-hessen.de/78.html?&farbe=&fsize= 電話：+49(0)66636843 開放時間：10:00-17:00，週一休館，十二月中至二月不開放 門票：2.50 €

阿爾斯菲爾德小城（http://www.alsfeld.de/）

旅遊服務中心 網址：http://www.alsfeld.de/ 地址：Markt 3(im Weinhaus), 36304 Alsfeld 電話：+49(0)6631/182-165 Email：tca@alsfeld.de
童話屋（Maerchenhaus） 地址：Sackgasse 2, 36304 Alsfeld 電話：+49(0)6631 9110243 開放時間：週六10:30-12:30、14:00-17:00，週日14:00-17:00 門票：3 €；學生2 €

布萊梅（http://www.bremen.de/home）

旅遊服務中心 地址：Findorffstraße 105, 28215 Bremen 電話：+49(0)4213080010
羅蘭德石雕 地址：Am Markt, 28195 Bremen 交通資訊：搭乘2或3號電車至Obernstrasse下車
市政廳 地址：Marktstrasse，28195 Bremen 導覽時間：週一至六11:00、12:00、15:00、16:00，週日11:00、12:00 門票：5 €

Paula Modersohn-Becker-Museum & Roseliushaus
地址：Boettcherstrasse 4-10, 28195 Bremen
開放時間：週二至週日11:00-19:00

《尋找歌德蹤跡》旅遊景點資訊

法蘭克福（http://www.frankfurt.de）

旅遊服務中心
網址：http://www.frankfurt-tourismus.de/en
電話：+49(0)69 21238800
Email：info@infofrankfurt.de

羅馬廣場旅遊服務中心
地址：Roemerberg 27，60311 Frankfurt am Main
開放時間：週一至五9:30-17:30，週六、日和假日10:00-16:00

中央火車站旅遊服務中心
地址：Am Hauptbahnhof 9, 60329 Frankfurt am Main
開放時間：週一至五8:00-21:00，週六、日和假日9:00-18:00

羅馬廣場Roemerberg
交通資訊：乘U4地鐵於Dom/Roemer站下車

歌德故居和博物館
網址：http://www.goethehaus-frankfurt.de
地址：Grosser Hirschgraben 23-25, 60311 Frankfurt am Main
電話：+49(0)69138800
Email：info@goethehaus-frankfurt.de
開放時間：週一至六10:00-18:00，週日和假日10:00-17:30
門票：7€，學生3€，團體11人以上5€

保羅教堂
地址：Paulsplatz 11, 60311 Frankfurt am Main
電話：+49(0)69 212 34920
開放時間：週一至日10:00-17:00
門票：免費

老歌劇院
網址：http://www.alteoper.de
地址：Opernplatz 1, 60313 Frankfurt am Main
電話：+49(0)69 13400
Email：kontakt@alteoper.de

蔡爾購物區Zeilgalarie
交通資訊：S-Bahn或地鐵U-Bahn至Hauptwache或Konstablewache

博物館Staedel
Schaumainkai(Museumsufer) 63, 60596 Frankfurt am Main
網址：http://www.staedelmuseum.de
電話：+49(0)69 6050980
Email：info@staedelmuseum.de
交通資訊：U1、U2、U3、U8地鐵於Schweizer Platz站下車；15、16號電車於Otto-Hahn-Platz站下車；46號
　　　　　公車至Staedel站下車
開放時間：週二、三、六、日10:00-18:00，週四、五10:00-21:00

威茲拉小城（http://www.wetzlar.de/index.phtml）

旅遊服務中心
地址：Domplatz 8, 573 Wetzlar
電話：+49(0)6441997755
Email：tourist-info@Wetzlar.de
交通資訊：站就是巴士中央站，有小型的巴士City Shuttle Bus可直達老城和大教堂，單程車票只收50 Cent，可隨
　　　　　意在城內的景點下車。火車站旁邊則有大購物中心Forum，在此聚集110間名店，成為城內老、中、少
　　　　　的最愛。威城整年都有城市導覽，在春夏兩季裡，每週三、週六、和週日下午兩點正會有一場90分鐘
　　　　　城市導覽的講解，每人收費是3€。威城有很多值得一看的博物館，每一座博物館都有它的特點。

夏綠蒂故居（Lottehaus）
地址：Lottestraße 8-10, 35578 Wetzlar
電話：+49(0)6441994140
耶路撒冷故居（Jerusalemhaus）
地址：Schillerplatz 5, 35578 Wetzlar
電話：+49(0)6441994131
帝國最高法院博物館（Reichskammergericht）
地址：Hofstatt 19, 35578 Wetzlar
電話：+49(0)6441994160
歐洲住的文化博物館（Sammlung Lemmers-Danforth，又名Palais Papius）
地址：Kornblumengasse 1, 35578 Wetzlar
電話：+49(0)6441994150
門票：德國最完整的文藝復興和巴洛克風格的歐洲古典家具等。博物館入門票為3 €，但您若買一張6 €套票，則 　　　可以參觀上列的四個博物館，此門票一年有效。

威瑪城市 （https://www.weimar.de/homepage/）

旅遊服務中心
地址：Markt 10, 99423 Weimar
電話：+49(0)36437450
歌德花園（Goethes Gartenhaus）
地址：位於伊爾姆公園，Park an der Ilm, 99423 Weimar
電話：+49(0)3643545400
開放時間：4-10月10:00-18:00，11-3月10:00-16:00
交通資訊：從火車站步行25分鐘即可抵達
門票：6 €，優惠票價2.5 €
歌德故居和歌德國家博物館
地址：Frauenplan 1, 99423 Weimar
電話：+49(0)3643545400
開放時間：4-9月週二至週五9:00-18:00，週六9:00-19:00，週日9:00-18:00；10月週二至週日9:00-18:00；11-3 　　　　　月週二至週日9:00-16:00
交通資訊：從火車站步行20分鐘即可抵達
門票：12 €
席勒故居
地址：Schillerstrasse 12, 99423 Weimar
電話：+49(0)3643545400
開放時間：4-9月週三至週五9:00-18:00，週六9:00-19:00，週日9:00-18:00；10月週三至週日9:00-18:00；11-3 　　　　　月週三至周日9:00-16:00
交通資訊：從火車站步行15分鐘即可抵達
門票：7.5 €
李斯特的故居
地址：Marienstraße 17, 99423 Weimar
電話：+49(0)3643545400
開放時間：4-10月週三至週一10:00-18:00
門票：4 €
包浩斯博物館（Bauhaus-Museum）
地址：Theaterplatz 1, 99423 Weimar
電話：+49(0)3643 545400
門票：4 €
威瑪城市宮殿（Stadtschloss）
地址：Burgplatz 4, 99423 Weimar
電話：+49(0)3643545400
門票：成人7.5€
安娜・阿瑪利亞圖書館（Herzogin Anna Amalia Bibliohek）
網址：http://www.anna-amalia-bibliothek.de/en/index.html
地址：Platz der Demokratie 1, 99423 Weimar

巴鴻姆堡（http://www.bad-homburg-tourismus.de/en/）

旅遊服務中心
網站：http://www.bad-homburg-tourismus.de/en/
地址：Louisenstraße 58, 61348 Bad Homburg v. d. Hoehe
電話：+49(0) 61721783730
Email：tourist-info-kurhaus@kuk.bad-homburg.de

巴鴻姆堡巴洛克宮殿（Landgrafenschloss）
地址：Schloss 61348 Bad Homburg v. d. Höhe
電話: +49(0)61729262148
Email：info@schloesser.hessen.de
門票：4 €

赫爾德林故居（Hoelderlin-Haus）
地址：Dorotheenstraße 34, 61348 Bad Homburg v. d. Hoehe

救世主教堂（Ev.Erloeserkirche）
地址：Dorotheenstraße 1, 61348 Bad Homburg v. d. Hoehe
電話：+49(0)6172 2108

療養公園（KURPARK）
位於城中心，公園有很多花卉樹木和景點，其中著名的威廉皇帝溫泉、伊麗莎白溫泉、泰國廟和俄羅斯教堂都
值得一看。

城市和療養公園一個半鐘頭的導覽
展覽時間與門票：分別在每週五、六下午3點開始，每人費用5 €；另有約三小時長的徒步城市導覽活動，每人費
用3 €。

《城堡之路》景點資訊

羅滕堡（http://www.tourismus.rothenburg.de/）

旅遊服務中心
地址：Marktplatz 2, 91541 Rothenburg ob der Tauber
電話：+49(0)9861 404800
E-Mail：info@rothenburg.de
交通資訊：由法蘭克福搭火車到羅滕堡，要在符茲堡（Wuerzburg）和史坦納（Steinach）轉兩次車，約二個半小
時抵達。

紐倫堡（http://www.nuernberg.de/internet/stadtportal_e/）

旅遊服務中心
地址：Koenigstrasse 93, 90402 Nuernberg（位於中央火車站對面）
服務時間：週一至週六9:00-19:00，週日及假日10:00-16:00

旅遊服務中心
地址：Hauptmarkt 18, 90403 Nuernberg（位於大市集）
服務時間：週一至週六9:00-18:00
在紐倫堡城市有提供25 €的「紐倫堡卡」，二天內可免費搭乘市內公車及參觀博物館。

紐倫堡城堡
地址：Burg 13, 90403 Nuernberg

杜勒故居
地址：Albrecht-Duerer-Strasse 39, 90403 Nuernberg

日耳曼國家博物館
地址：Kartaeusergasse 1, 90402 Nuernberg
門票：8 €

紐倫堡新博物館
地址：Luitpoldstrasse 5, 90402 Nuernberg

新天鵝堡 (http://www.neuschwanstein.de/englisch/tourist/index.htm)

新天鵝堡
地址：Neuschwansteinstrasse 20, 87645 Schwangau 訂票網址：http://www.hohenschwangau.de/ticketcenter.0.html 門票：成人12 €，團體優惠票11 €，訂票手續費：1.8 € /每人。18歲以下的孩孩童，如有父母陪同可免費參觀。
林德霍夫宮 網址：http://www.schlosslinderhof.de/englisch/ludwig/biography.htm 地址：Linderhof 12, D-82488 Ettal 電話：+49(0)882292030 Email：sgvlinderhof@bsv.bayern.de 門票：王宮和公園聯票：8.50 €，優惠7.50 €；公園票價5 €，優惠4 €

《德國文化之旅》景點資訊

柏林 (http://www.berlin.de/en/)

旅遊服務中心
網址：http://www.sightseeing-point-berlin.com/ 　　　http://shop.visitberlin.de/en/tickets.html 電話：+49(0)30 25002333 Email：info@visitBerlin.de
交通資訊：搭柏林100號公車遊市區景點 行程60分鐘，起站於Zoologischer Garten火車站，終站於亞歷山大廣場（Alexanderplatz）。如在Grosser Stern站下車，可到英國公園附近觀賞維多利亞勝利女神紀念柱、俾斯麥紀念碑。 票價：2.70 €，優惠票1.70 €（單程公車）；或買全日公交車票21 €。
交通資訊：搭觀光巴士Hop-on Hop-off Tour遊市區 票價：一日票20 €，二日票24 €；學生一日票12 €，二日票14 €；老人一日票15 €，二日票19 €
交通資訊：坐船遊市區 票價：一小時12.50 € 搭船地點：位於亞歷山大廣場Alexanderplatz、柏林大教堂（Berliner Dom）附近的尼古萊區Nikolaiviertel。
國會大廈 網址：http://www.bundestag.de/htdocs_e/ 地址：Platz der Republik 1, 11011 Berlin 電話：+49(0)302270 Email：mail@bundestag.de 交通資訊：從中央火車站搭乘地鐵U55往Brandenburger Tor下車。轉搭100號巴士到國會Bundestag站下車。 　　　　　可免費參觀國會大廈頂樓和圓頂，但先前要在網上預約登記。 預約網址：https://visite.bundestag.de/BAPWeb/pages/createBookingRequest.jsf?lang=en
佩加蒙博物館 網址：http://www.smb.museum/en/museums-and-institutions/pergamonmuseum/home.html 地址：Am Kupfergraben 5, 10178 Berlin 電話：+49(0)30266424242 開放時間：週一至三10:00-18:00，週四10:00-20:00，週五至日10:00-18:00 門票：成人12 €；優惠 6 €

漢堡 (http://www.hamburg-travel.com/)

漢堡旅遊服務中心
網址：http://welcome.hamburg.de 電話：+49(0)40428545001 交通資訊：位於中央火車站出口處（Kirchenallee）
碼頭區的旅客服務中心 交通資訊：位於聖保羅碼頭棧橋和四、五號棧橋之間
聖保羅區的旅客服務中心 交通資訊：位於Alter Wall 11、Rathaus和Jungfernstieg地鐵站

碼頭
交通資訊：從中央火車站可乘S3（往Pinneberg方向）或S1（往Wedel方向）或U3（往Schlump-Barmbek方向），約5-7分鐘。單程車票1.50€，漢堡卡24.50€，3天有效的。
市政廳
交通資訊：從中央火車站沿著明克貝爾格街步行即抵達市政廳廣場
魚市場
地點：St. Pauli Fischmarkt 2, 20359 Hamburg
營業時間：每週日，夏季5:00-09:30；冬季7:00-09:30。
交通資訊：從中央火車站搭乘S3（往Pinneberg方向）、S1（往Wedel方向）或U3（往Schlump-Barmbek方向）
聖保羅
交通資訊：從中央火車站搭乘S1、S3或U3至Reeperbahn站下車
坐船遊阿爾斯特湖和海港
電話：+49(0)403117070
⁣+49(0)40313140
開放時間：四月至十月每小時都有一班船，在Anleger Jungfernstieg上船。
門票：遊湖船票14.50€，遊海港船票24€。

萊比錫（http://english.leipzig.de/）

旅遊服務中心
網址：www.leipzig.travel
地址：Katharinenstraße 8, 04109 Leipzig
電話：+49(0)3417104260
Email：info@ltm-leipzig.de
城市導遊
內容：步行參觀舊市政廳、Barthels Hof、Zum Arabischen Coffee Baum餐廳和博物館、湯姆斯教堂（Thomaskirche）、奧爾巴赫酒館（Auerbachskeller）、尼古拉教堂（Nikolaikirche）
門票：6€（1小時）
市區和郊區公交車導遊
內容：觀看動物園，Gohliser小皇宮，體育館，Albertina圖書館，聯邦行政法院，Bayrischen火車站，民族戰爭紀念碑，德中廣播電台
門票：11€（1.5小時）
布商大廈音樂廳（Neues Gewandhaus）
網址：http://www.gewandhaus.de/
交通資訊：它位於奧古斯都（Augustus）廣場
訂票專線：+49(0)341 1270 270
開放時間：週一至週五10:00-18:00，週六10:00-14:00
湯姆斯教堂（Thomaskirche）
網址：https://www.thomaskirche.org/
地址：Thomaskirchhof 18, 04109 Leipzig
電話：+49(0)341222240
交通資訊：在中央火車站地下層乘S1、S2、S3、S4、S5或S5X到市場下車（2分鐘）
＊托馬斯男童合唱團Thomanerchor在湯姆斯教堂定期每月演出，可以免費觀賞
＊演出日期可以上網查詢：http://www.thomanerchor.de/en/43/p1/veranstaltungen.html
尼古拉教堂（Nikolaikirche）
網址：https://www.nikolaikirche. org/
地址：Nikolaikirchhof 3, 04109 Leipzig
電話：+49(0)3411245380
交通資訊：在中央火車站底層搭乘S1、S2、S3、S4、S5或S5X至市集廣場下車（2分鐘）
民族戰爭紀念碑（Voelkerschlachtdenkmal）
地址：Str. des 18. Oktober 100, 04299 Leipzig
電話：+49(0)3412416870
交通資訊：從中央火車站搭乘S15至民族戰爭紀念碑約13分鐘，下車後沿著Prager Strasse步行550公尺。
奧爾巴赫酒館（Auerbachs Keller）
網址：http://www.auerbachs-keller-leipzig.de/#panel-tab-id2
地址：Maedler Passage, Grimmaische Str. 2-4, 04109 Leipzig
電話：+49(0)341 216100。
交通資訊：從中央火車站地下層乘S1、S2、S3、S4、S5或S5X到市場下車（2分鐘）

德勒斯登（https://www.dresden.de/index_en.php）

旅遊服務中心 地址：Wiener Platz 4, 01069 Dresden（中央火車站）
旅客服務中心 地址：QF-Passage, Neumarkt 2, 01067 Dresden（聖母教堂附近） 電話：+49(0)351501501 Email：info@dresden.travel
德累斯登聖母教堂 網址：http://www.frauenkirche-dresden.de 地址：Neumarkt, 01067 Dresden 開放時間：週一至週五10:00-12:00，13:00-18:00，週末開放時間較短
茨溫格宮（Dresdner Zwinger） 網址：http://www.barockstadt-dresden.de/ausflugsziele/zwinger 地址：Theaterplatz 1, 01067 Dresden 電話：+49(0)35149142000 Email：besucherservice@skd.museum 交通資訊：搭乘電車：1、2、4、7、8、9、11、12或公車62、75、94到達郵局廣場站Postplatz下車，或搭乘 　　　　　電車4、8、9在劇院廣場站Theaterplatz下車
森帕歌劇院 網址：http://www.semperoper.de 地址：Semperoper Dresden Theaterplatz 2, 01067 Dresden 電話：+49-351-4911705 抵達方式：乘坐電車11號線到Postplatz站 門票：成人6 €，兒童3 €
綠穹珍寶館 網址：http://www.skd.museum/en/homepage/index.html 地址：Taschenberg 2, 01067 Dresden 電話：+49(0)351 49142000 交通資訊：從中央火車站步行，約10分鐘 開放時間：週三至週一10:00-18:00 門票：可以現場售票視窗買票，早上10點開賣，排隊人較多，但票源也足，散客可以買得到票，團體的最好要預 　　　先訂票。 老館門票：12 €，免費中文電子導遊。 新館門票：12 €，土耳其武器館／英文電子導遊，油畫肖像館／中文電子導遊。 所有館的聯票：21 €，一天內有效。
王侯馬列圖 網址：www.fuerstenzugdresden.de/ 地址：Taschenberg 2, 01067 Dresden
席勒花園屋（Schiller Pavillion）是德勒斯登最小的紀念館 網址：http://www.museen-dresden.de/index.php?node=schillerhaeuschen 地址：Schillerstrasse 19, 01326 Dresden, Saxony 電話：+49(0)351 4887370 交通資訊：可搭乘61號或83號公車到Koernerplatz下車，或搭11號電車到Mordgrundbruecke下車，然後步行 　　　　　到席勒街便見席勒花園屋。因為席勒花園屋的小山路很彎曲，不易尋找停車位，所以建議還是搭乘 　　　　　公車或電車前往較方便！

波昂（http://www.bonn.de/index.html?lang=en）

旅遊資訊中心 地址：Windeckstrasse 1 / am Muensterplatz, 53111 Bonn 電話：+49(0)228775000 Email：bonninformation@bonn.de
貝多芬故居 網址：http://www.beethoven-haus-bonn.de 地址：Bonngasse 20, 53111 Bonn 電話：+49(0)2289817525 開放時間：週一至週六10:00-18:00，週日11:00-18:00 門票：成人票4 €，優惠票3 €，家庭套票10 €

明斯特大教堂（Muenster Basilica）
網址：http://www.bonner-muenster.de
地址：Muensterplatz 18 53111 Bonn, Deutschland
電話：+49(0)228985880
開放時間：7:00-19:00
門票：免費

波恩大教堂廣場（Muensterplatz）
大教堂廣場一帶人來人往門的，很熱鬧，廣場一側是大教堂，一側是咖啡廳，中央設置了一座貝多芬銅像，銅像後面有一排黃色的建築，那裡現在是郵局。

貝多芬音樂廳
網址：http://www.beethovenhalle.de
地址：Beethovenhalle, Wachsbleiche 16, 53111 Bonn

瑪巴哈小城（http://www.schillerstadt-marbach.de/）

城市資訊中心（Stadtinfoladen）
地址：Marktstraße 25, 71672 Marbach am Neckar
電話：+49(0)7144897764
Email：stadtinfoladen@t-online.de

城市導遊
售票處：Schillers Geburtshaus, Niklastorstr. 31
集合地點：前金獅餐廳（ehemaliges Restaurant Goldener Loewe, Niklastorstr. 39）
門票：週日14:30，每人收費3€，12歲以下孩童免費（1.5小時）

席勒紀念碑（Schiller-Denkmal）
地址：Park auf der Schillerhoehe

席勒舊居（Schillers Geburtshaus）
地址：Niklastorstrasse 31

席勒國家博物館（Schiller-Nationalmuseum）
地址：Schillerhoehe 8-10

德國文學檔案收藏館（Deutsches Literaturarchiv Marbach）
地址：Schillerhoehe 8-10

城門鐘樓（Oberer Torturm）
地址：Marktstrasse

沃爾普斯韋德藝術村（www.worpswede.de）

交通資訊：從布萊梅中央火車站搭乘火車或巴士去沃爾普斯韋德藝術村約1小時。平日通往這個小村的火車需要在Osterholz-Scharmbeck轉巴士才抵達，星期日上午09:07和中午12:08兩班直達火車（往Stade方向），44分鐘即可抵達，回程時間是15:04；18:06。其餘時間只能搭巴士，只是到達Insel Worpswede後，需步行10分鐘才到藝術村。
詳細資料可向布萊梅中央火車站服務中心詢問：
地址：Bahnhofsplatz 15, 28195 Bremen
電話：+49(0)4212214780

漁人牧場小村（http://www.fischerhude.com/）

畫家奧托·莫德索恩紀念館（Otto Modersohn Museum）
網址：http://www.modersohn-museum.de/start.html
地址：In der Bredenau 95, 28870 Fischerhude
電話：+49(0)4293328
Email：info@modersohn-museum.de
交通資訊：從布萊梅中央火車站搭乘火車到Sagehorn，再坐接駁巴士去藝術村。如星期日出遊，可由布萊梅中央火車站搭乘早上08:59 ME 81909班車（往Hamburg方向），09:11抵達Sagehorn，09:53再轉搭745號巴士，七分鐘便到Im krummen Ort站或Ottersberg站，下車後走過教堂沿In der Bredenau街走可抵達莫德索恩紀念館

釀旅人17　PE0091

 帶你走遊德國
　　　——人文驚豔之旅

作　　者	麥勝梅
責任編輯	陳佳怡
圖文排版	楊家齊
封面設計	蔡瑋筠

出版策劃	釀出版
製作發行	秀威資訊科技股份有限公司
	114 台北市內湖區瑞光路76巷65號1樓
	電話：+886-2-2796-3638　傳真：+886-2-2796-1377
	服務信箱：service@showwe.com.tw
	http://www.showwe.com.tw
郵政劃撥	19563868　戶名：秀威資訊科技股份有限公司
展售門市	國家書店【松江門市】
	104 台北市中山區松江路209號1樓
	電話：+886-2-2518-0207　傳真：+886-2-2518-0778
網路訂購	秀威網路書店：http://www.bodbooks.com.tw
	國家網路書店：http://www.govbooks.com.tw
法律顧問	毛國樑　律師
總 經 銷	聯合發行股份有限公司
	231新北市新店區寶橋路235巷6弄6號4F
	電話：+886-2-2917-8022　傳真：+886-2-2915-6275

出版日期	2015年10月　BOD一版
定　　價	330元

國家圖書館出版品預行編目

帶你走遊德國：人文驚豔之旅 / 麥勝梅著. -- 一
版. -- 臺北市 : 釀出版, 2015.10
　　面；　　公分. -- (釀旅人；17)
　　BOD版
　　ISBN 978-986-445-045-9(平裝)

　1. 旅遊文學　2. 德國

743.9　　　　　　　　　　　　104016274

讀 者 回 函 卡

感謝您購買本書，為提升服務品質，請填妥以下資料，將讀者回函卡直接寄回或傳真本公司，收到您的寶貴意見後，我們會收藏記錄及檢討，謝謝！如您需要了解本公司最新出版書目、購書優惠或企劃活動，歡迎您上網查詢或下載相關資料：http:// www.showwe.com.tw

您購買的書名：＿＿＿＿＿＿＿＿＿＿＿＿＿＿＿＿＿＿＿＿＿＿

出生日期：＿＿＿＿年＿＿＿＿月＿＿＿＿日

學歷：□高中 (含) 以下　　□大專　　□研究所 (含) 以上

職業：□製造業　□金融業　□資訊業　□軍警　□傳播業　□自由業

　　　□服務業　□公務員　□教職　□學生　□家管　□其它＿＿＿

購書地點：□網路書店　□實體書店　□書展　□郵購　□贈閱　□其他

您從何得知本書的消息？

　　□網路書店　□實體書店　□網路搜尋　□電子報　□書訊　□雜誌

　　□傳播媒體　□親友推薦　□網站推薦　□部落格　□其他＿＿＿＿

您對本書的評價：（請填代號　1.非常滿意　2.滿意　3.尚可　4.再改進）

　　封面設計＿＿＿　版面編排＿＿＿　內容＿＿＿　文／譯筆＿＿＿　價格＿＿＿

讀完書後您覺得：

　　□很有收穫　□有收穫　□收穫不多　□沒收穫

對我們的建議：＿＿＿＿＿＿＿＿＿＿＿＿＿＿＿＿＿＿＿＿＿＿

＿＿＿＿＿＿＿＿＿＿＿＿＿＿＿＿＿＿＿＿＿＿＿＿＿＿＿＿＿

＿＿＿＿＿＿＿＿＿＿＿＿＿＿＿＿＿＿＿＿＿＿＿＿＿＿＿＿＿

＿＿＿＿＿＿＿＿＿＿＿＿＿＿＿＿＿＿＿＿＿＿＿＿＿＿＿＿＿

11466
台北市內湖區瑞光路 76 巷 65 號 1 樓
秀威資訊科技股份有限公司　　　收
BOD 數位出版事業部

....

（請沿線對折寄回，謝謝！）

姓　　名：＿＿＿＿＿＿＿＿　年齡：＿＿＿＿　性別：□女　□男

郵遞區號：□□□□□

地　　址：＿＿＿＿＿＿＿＿＿＿＿＿＿＿＿＿＿＿＿

聯絡電話：(日)＿＿＿＿＿＿＿＿＿　(夜)＿＿＿＿＿＿＿＿＿

E-mail：＿＿＿＿＿＿＿＿＿＿＿＿＿＿＿＿＿＿＿